おかしなパン

菓子パンをめぐるおかしくてためになる対談集

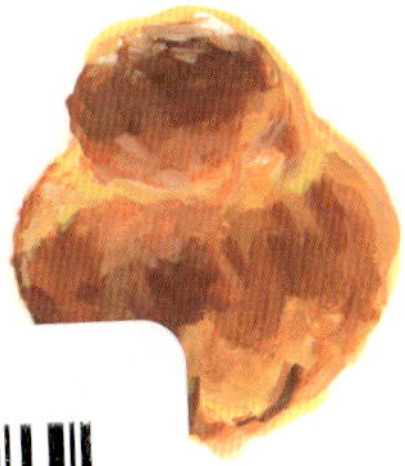

ノラボ
池田浩明

菓子研究家
山本ゆりこ

お菓子とパンの必然の出合い

お菓子とパンは別々のもののように思われているけれど、お菓子ともパンともつかない中間地帯が広がっている。例えば、ボストックというお菓子がある。いま簡単に「お菓子がある」と書いたが、ボストックはブリオッシュの生地で作る。ブリオッシュをお菓子と認識している人は、むしろ少数ではないか。

では、パンかといえば、それも微妙である。フランスでは、ブリオッシュやクロワッサンのような油脂や砂糖が入ったものは、パンと区別され「ヴィエノワズリー」と呼ばれる。「ウィーンから来たもの」という意味を持つ、パンとお菓子の中間の別ジャンルのものだ。

フランスばかりではない。日本にもお菓子だかパンだかわからないものは、いろいろある。例えば、甘食とかシベリアとかパン屋に売られている懐かしい系のものは、お菓子だけれどパンっぽいな、とか。メロンパンやカステラパンなどパンとお菓子のハイブリッドスイーツは、文明開化の激流に飲まれ、勘違いのまま西洋文明を受けとった日本には多数棲息している。そのことごとくが、どこか「おかしなパン」ではないか。

数年前のこと、パンばかり食べている不肖・私が、菓子研究家である山本さんに出会った。私たちは、パン・オ・ショコラがどれだけ素敵な食べ物であるかについて、あるいはバゲットやクロワッサンにはどんなジャムをつけるべきかについて、熱く語り合った。いま思うと、私たちはずっと「おかしなパン」について話していたのだ。

ブレッドギーク（パンおたく）の私は、お菓子のことは知らない。でも、菓子パンというものがあるぐらいだから、パンのことをもっと深く知るために、お菓子の知識を求めていた。好奇心あふれる山本さんは、パンをいろいろ食べている私の話をじっと聞いていた。フランスやイギリスのお菓子を研究していた彼女にとって、わが日本の「おかしなパン」の話は、まるでダーウィンがガラパゴスを発見したように興味深く響いたのだろう。お菓子の人とパンの人が、メロンパンの皮と中身のようにドッキングして語り合うことは、運命であり、必然だったのだ。

「ためになる」という副題がつけられているが、冷や汗ものである。人のためになる話をするには、私はあまりにも浅学非才だからだ。でもおかしなパンへのこの狂おしい愛は本物。山本さんにとってもきっとそうだ。買って食べたパンを思い出しては再び陶然となり、食べたことのないパンについて聞けば、いますぐ食べたいと焦燥に駆られる。甘いものへの愛が、この際限のないおしゃべりへとふたりを向かわせる。

無数の「おかしなパン」が、あるものは世間に愛され、あるものは忘れられている。そんなパンたちの魅力を伝えたくて、私はうずうずしている。すべての「おかしなパン」に愛を。

パンラボ　池田浩明

「可笑しなパン」と「お菓子なパン」

ウイーン生まれのフランス王妃マリー＝アントワネットがいったとされる「パンがなければブリオッシュを食べればいいじゃない」という台詞（本書では事実ではないと語られているが……）。それを普通に口にしても誰の反感も買わない飽食の時代に、私たちはいる。そして、ここに来てのパンブーム。パンの世界のにぎやかなことにぎやかなこと。

私は甘い物に目がない。クリームべッタリやフルーツたっぷりの甘い物より、炭水化物（粉）たっぷりの甘い物に目がないといった方が正しい。だから、パンの世界にいる、甘いパンやお菓子っぽい存在のパンがずっと気になっていた。パンブームにより、海外で修業された職人さんが営むフランス風、ドイツ風、アメリカ風のパン屋などが増えるにつれ、逆に海外に出なくてもオリジナルスタイルでお店を始められる若い職人さんの話を聞くにつれ、その好奇心はあふれ出んばかりであった。

そんなある日、「お菓子がなければお菓子なパンを食べればいいじゃない」といえるほど、おいしいお菓子なパンに、そしてそのルーツに、食べ方に詳しくなりたいという夢が、パンライターである池田さんの協力を得て、実現されることになった。

日本生まれの「おかしなパン」は、その昔、パンとお菓子の厨房が隣同士で、パンの上にクッキー生地をかぶせようとか、パンでカステラをくるんでしまえとか、おいしいものを作りたいと願った職人魂が形になったものだということを、池田さんに教えていただいた。そうか、クリームパンはシュークリームを、メロンパンは高級メロンを手軽に味わえる代替品として、庶民の胃袋と心を満たしてくれたこともあったろうと想像し、胸が熱くなった。

フランスのパン屋さんは、そのほとんどがBoulangerie-Pâtisserie（パン屋兼お菓子屋）という看板を掲げている。それは、パンとお菓子が同じ空間で作られているということ。この例をとっても、パンとお菓子がやってきた西洋の時代から、ふたつはずっと一緒だったに違いないのである。

パンラボの池田さんと1年以上に渡り追い求めてきた「おかしなパン」。この言葉には、パンなのかお菓子なのかわからない「可笑しなパン」という意味と、パンとお菓子がドッキングした「お菓子なパン」というふたつの意味が含まれている。メイド・イン・ジャパンの「おかしなパン」に始まり、外国生まれの「おかしなパン」まで、ときには自分たちで作ったり、おいしく食べられる相棒を探したりと、追及し続けた「おかしなパン」を、ぜひとも、みなさんに味わっていただきたい。

山本ゆりこ

目次

本書の見方

- 本文中は、池田＝**I**、山本＝**Y**で表記しています。
- 脚注の店について、営業時間のLOはラストオーダーを表します。また定休日は、夏季、冬季、大型連休、及び臨時休業は除きます。
- レシピに関して、バターは特に記載のない限り、有塩を使ってください。大さじ１＝15ml、小さじ１＝５mlです。
- 情報は、２０１６年12月現在のものです。

あんぱん

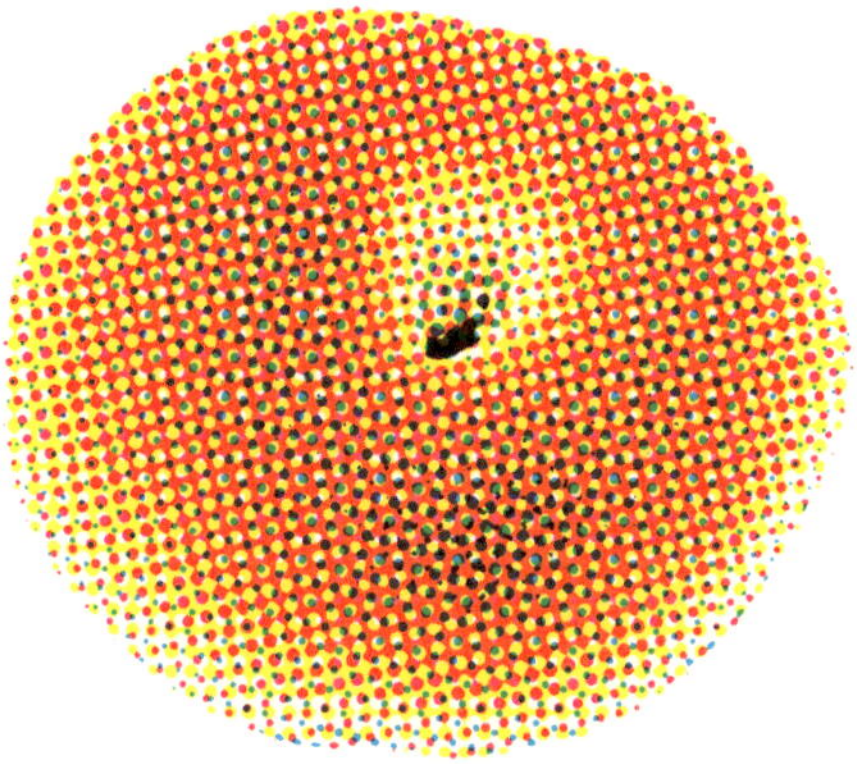

お菓子なパンは銀座木村家に始まる

Y　日本初の「お菓子なパン」、あんぱん。さかのぼること約１４０年前、明治８年（１８７５年）４月４日に**銀座木村家**[*1]が桜あんぱんを誕生させた、と。

I　日本酒造りにも使われる麹《こうじ》から起こしたパン種を「酒種」といいますが、木村家の**あんぱん**（16ページ写真）はこの酒種を使ってパン生地を発酵させています。酒種室というセクションがあって、明治時代からずっと継いでるんです。

Y　老舗の歴史を感じますね。

I　最初にパン屋を開店したとき、パンが売れなかったので、饅頭に寄せることで日本人がイメージしやすい食べ物にしたそうです。

Y　なるほど、酒饅頭からの発想なんですね。

I　麹菌というのはカビの一種です。カビでパンを作るのは日本だけだと聞いたことがあります。**麹はもやし屋で買うもの**[*2]。パン屋で自家採取しているのは木村家と鳥取の**タルマーリー**[*3]ぐらいで、日本酒でも寺田本家などごく珍しいと思います。以前、『パンラボ』（白夜書房）という本であんぱんをいっぱい集めて食べたことがあるんですが……。

Y　読みましたよ、「あんぱんタイムトラベル」。11種類のあんぱんを銀座木村家から誕生した順に食べてみるという。実際、いかがでしたか？

I　ブリオッシュのあんぱんとか、おいしいんですけど、酒種のあんぱんは食べ飽きないんですよね。発酵のフレーバーがあんこの甘さをまろやかにしているということ、あとわずかに酸味もあるんでしょうかね。あんことバターも相性がいいのですが、あんこと酒種の香りはすごく相性がいいと思います。

Y　食べ飽きないっていうのは大事な要素ですよね。

牛乳とパンは切っても切れない

I　緑茶に合うパンというのは、あんぱんぐらいかなと。

Y　緑茶にも合いますが、ゴールデンコンビは牛乳じゃないんですか？　昔、刑事ドラマで張り込みのときに食べるあんぱんと牛乳に密かに憧れて、刑事になりたかったんです（笑）。

I　あんぱんと牛乳、秋葉原駅のホームにあるミルクスタンドでやりましょうか？　子供の頃、最初に出合ったヤマザキのあんぱんがいまでも売っています。パッケージもそんなに変わってませんし。昔ながらのロングセラーは、やっぱりおいしい。僕が秋葉原のミルクスタンドに行くのはそういう理由です。

Y　おもしろそう！

I　子供の頃、秋葉原駅を通ると、サラリーマンがミルクスタンドの前に立って牛乳とあんぱんを食べてるのが電車の窓から見えてました。それからずっと風景が変わってないんですよ。腰に手を当てて牛乳を飲んでいる背広姿の人の写真を撮りたいですね。

Y　その光景、ノスタルジックでいいですね。お菓子なパンの原点を見ているかのようです。

▼ 実験1——**憧れのあんぱん定食**　↓12ページ

I　『蟹工船』の作者、小林多喜二の実家がパン屋なんです。三浦綾子の『母』という小説があり、小林多喜二のお母さんが主人公で、パン屋を営んでいます。あんぱんと牛乳を一緒に売るようなパン屋です。

＊1　銀座木村家
東京都中央区銀座4-5-7
03-3561-0091
10:00～21:00　無休
www.ginzakimuraya.jp/bakery/
1869年創業、あんぱんの元祖。銀座の象徴のようなお店。

＊2　麹はもやし屋で買うもの
種麹（麹の元となるもの）を作って味噌や醤油、酒の製造業者に販売する種麹屋のことを業界では「もやし屋」と呼んでいる。

＊3　タルマーリー
鳥取県八頭郡智頭町大字大背214-1
0858-71-0106
10:00～16:00LO
火曜・水曜休み
（冬季は火曜・水曜・木曜休み）
talmary.com
パン、ビールと様々な種を自家培養。小麦も自家製粉し、地域の循環の拠点となる志。

＊4　スクラッチ
お店で小麦粉からパンを焼くパン屋。

＊5　築地木村家
東京都中央区築地2-10-9
03-3541-6885
7:00～20:00（土曜～17:00）
日曜・祝日休み
（夏季以外は臨時営業あり）
銀座木村家からのれん分けされた店。あんぱんの他に牛すじ玉ねぎカレーパンや、サンドイッチも名高い。

憧れのあんぱん定食

子供の頃（1970年代）、自宅のあった千葉から総武線で秋葉原まで行くと、背広姿の大人たちがホームで腰に手を当てながら牛乳を飲み、あんぱんを食べているのが見えた。自分も大人になったら背広を着てホームで牛乳を飲むんだと信じていた。時が流れたいまでも秋葉原にミルクスタンドは健在。どんな人たちが、どんな思いでこの店を営んでいるのか。

昭和26年、ミルクスタンドは**秋葉原のホーム上**[*1]に誕生する。戦後間もなく、国民が栄養不足に悩んでいた頃、牛乳は貴重な栄養源だったのだ。バブルになると、朝食やランチをゆっくりとる暇のないサラリーマンの胃袋を支えた。そしていま、秋葉原はオタクの聖地になり、若者が牛乳を飲む姿が目立つようになった。

とり巻く環境も変わる。牛乳瓶はいまやコンビニで買う牛乳パックに押され絶滅危惧種だ。

「牛乳は瓶で飲む方がおいしい。ビールをストローで飲んでもおいしくないのと一緒です。町の牛乳屋さん、昔は自転車で瓶を配達してたけど、高齢化でどんどん減ってる」（支配人の稲村嘉一さん）

31年間、ミルクスタンドに立ち続ける人がいる。**永沢光子さん**[*2]。多い日で3000本の牛乳を売る。ラッシュアワー、あっちからこっちから入る注文を同時にさばく。時間に追われるビジネスマンにとって1秒でも惜しい時間帯。Suicaを導入しないのは、小銭の方が早いからだ。

3000人もの客と相対しながら、何度も来る客の顔を記憶するようにしている。余裕がありそうなら、言葉をかける。

「ひと言ふた言交わすのを楽しみにしてくれているんですよね。ずっと来ない人は、どうしたのかしらって、心配する。1年に3000の人に出会うとして、×30年だから9万人に牛乳を売ってきたんだわよね」と、次々やって来る客の相手をしながら永沢さんは話してくれた。

永沢さんにとって忘れられない客がいる。

「昭和時代にいたよね？」

と笑いながら話しかけてきた人は、20年ぶりに訪れたのだった。通勤途中に毎日牛乳を買っていたけれど、仕事が変わり、退職して、訪れる機会がぷっつりと途切れた。でも縁がどこかに残っていて、再び笑い合えた。時が流れても変わらずそこにあるからこその再会。

子供の頃はどこにでも売っていたが、いまはあまり見かけないヤマザキのあんぱんをここでは売っている。**1個100円のあんぱんと120円の牛乳。**[*3] 〆て220円のこのセットは**「あんぱん定食」**[*4]と呼ばれる。

「おいしい幸せを100円、200円で提供している。元気になってもらえたらうれしいですね」（稲村さん）

ときが過ぎても「おいしい幸せ」の本質は変わることがない。（I）

2

3

4

ミルクショップ酪／秋葉原ミルクスタンド

東京都千代田区外神田1 JR秋葉原駅
03-3251-3286
6:30～21:00　無休
JR秋葉原駅のホーム上で約70年間、早朝から夜まで、忙しく活動する人たちに牛乳とパンを提供し続ける。

1

Y　文学の中のパンっていいですね。

I　谷中墓地の前にパン屋の天然記念物みたいなところがあります。取材拒否なので、写真とかは撮れないんですけど、駄菓子も売ってるような昔ながらのパン屋です。大手メーカーからトラックで運ばれてきたパンを売るんですよね。小林多喜二の実家のパン屋って、こんな感じかなと想像しています。僕が子供の頃は、いまのような**スクラッチ**[*4]ではなく、パン屋といえば「ヤマザキ」の看板を掲げたようなお店でした。

あんぱんとパン種の相性

Y　そんなパン屋に必ずあったのがあんぱん。銀座木村家が酒種あんぱんを発売した約40年後、**築地木村家**[*5]に受け継がれた**けしの実あんぱん**（16ページ写真）がいまだに残っているそうですが。けしの実あんぱんには、酒種ではなく**ホップ種**[*6]を使っているんですよね？

I　幕末に横浜で作られた最初の食パンは、キリンビールの工場で分けてもらったホップを使っていました。パン酵母（イースト）が日本に輸入されるようになったのは大正時代のことです。それ以前は、すべてパン種は自家培養されていました。ホップから作られるものが一般的だったみたいです。

Y　酵母っていろんなものから採れるんですよね？　果物の皮とか。

I　果物も野菜もすべて採れますよ。空気中にもいます。

Y　それを培養して安定させるのが難しいと聞いています。酒種以外にあんぱんに合う酵母ってご存知ですか？

I　いろんな果物から酵母を起こす**M・SIZE**[*7]というパン屋があります。そこのびわ酵母で作った、**胡桃とオレンジピールのあんぱん**（16ページ写真）。オレンジピールとびわ酵母が相まってさわやかな香りと酸味。

Y　柑橘類とあんこは合いそう！

I　桜の花びら酵母とか、いいですよね。浦和に**タロー屋**[*8]というパン屋があり、桜から酵母を起こしたりします。

Y　それもあんぱんに合いそうですね。

I　ゆりこさんはあんこを作ったりしますか？　おいしいあんこのレシピとかが知れるとうれしいのですが。時間がかかるものなんですよね？

Y　おっしゃる通りすごく時間がかかるし、何度も作って上手になるものだと思います。おいしいあんこを炊くより、市販のあんこを買ってきて、塩と合わせるとか、ゆずと合わせるとか、そんなアレンジの方が楽しいのでは？

▼ 実験2 ― **あんバタートーストをさらにおいしく食べるアイデア** ↓20ページ

日本人の心を満たすあんぱん

Y　愛知県の方々がパンにあんこを塗って食べるのを見て最初びっくりしました。市販のあんこを常備している人も多いんですよね。

I　名古屋といえば「あんトースト」ですから。普通においしいですよね。東京だと麻布十番の**天のや**[*9]の小倉トーストがうまいですよ。

Y　モダンなカフェですが、南青山の**buik**[*10]の**小倉トースト**（16ページ写真）は絶品です。あんこが水羊羹みたいにすっきりしててパクパク食べられてしまいます。

I　そう考えると、あんこって万能ですね！　食パン、バゲット、デニッシュ、どんなパンにも合ってしまうので。**Poilâne**[*11]で働いていたフランス人が初代シェフだった**レ・**

＊6　ホップ種またはホップス種
ビール製造に欠かせないホップという植物の煮汁に小麦粉などを加えて種継ぎを行い、作られる発酵種。

＊7　M・SIZE
東京都目黒区鷹番2-5-17
03-3760-5661
11:30～20:30　火曜・第１月曜休み
季節に採れるさまざまな果実や野菜から起こした種で作るパンが人気。

＊8　タロー屋
埼玉県さいたま市浦和区大東2-15-1
048-886-0910
10:00～売り切れ次第終了
木曜・土曜のみ営業
www.taroya.com
自家栽培した野菜や庭木から採った果実や花から種を起こし、季節をパンに折り込む。

＊9　天のや
東京都港区麻布十番3-1-9
03-5484-8117
12:00～23:00（日祝～22:00）
第2・4火曜休み
www.amano-ya.jp
80年以上前、大阪で創業した甘味処。関西風の出汁巻たまごのサンドイッチも絶品。

＊10　buik
東京都港区南青山4-26-12 1F
03-6805-0227
8:00～18:00　日曜・月曜休み
buik.jp
根津美術館の近くのカフェ。オーナーは以前チクテカフェで働いていたとか。朝食メニュー（8:00～11:00、LO10:00）にある小倉トーストが絶品。

＊11　Poilâne
ポワラーヌ
8 rue du Cherche-Midi 75006 Paris
www.poilane.com
あらゆる店がパン酵母（イースト）でパンを焼くようになっても、昔ながらの自家培養の発酵種の製法を貫いた、パリ左岸の伝説的な店。Miche（ミッシュ）と呼ばれるカンパーニュが有名。

buik
小倉トースト
15ページ

レ・サンク・サンス
あんこ入りのクロワッサン
18ページ

Boris
あんぱん
18ページ

銀座木村家
あんぱん
10ページ

築地木村家
けしの実あんぱん
14ページ

M・SIZE
胡桃とオレンジピールのあんぱん
14ページ

喜福堂
あんぱん
22ページ

パナデリア シエスタ
あんぱん
22ページ

365日
あんぱん
18ページ

ベッカライ徳多朗
あんぱん
22ページ

サンク・サンス[*12]にも**あんこ入りのクロワッサン**（16ページ写真）があります。

Y　クロワッサンとあんこは合いそうですね。

I　彼はフランスでパン屋をやったら、あんぱんを出してみたいといってました。フランス人はあんこを食べないでしょうと聞いたら、フランス人もおいしいと感じるはずだと。

Y　パリであんぱんを出してるパン屋さん、何軒かありますよ。パリに住む邦人の方々が買い求めるそうです。ひとつは、**Boris**[*13]（16ページ写真）というお店で、奥様が日本人で、パン職人さんなんです。フランス人はあんこ、好きじゃないと思います。そもそも、豆が甘いっていうのがダメみたいですよね。私たちがお米の甘いのがダメなのと同じような感覚で。

I　ドイツ人が、あんぱんはダメだけど、あんバターサンドは好きという話を聞いたことがあります。中から出てくるというのがダメらしいです。具をパンの中に入れたあんぱんやクリームパンは、饅頭の延長で日本的なパンなんです。業界用語では「包餡《ほうあん》」といいます。

Y　あんぱんって、すべてひっくるめていい意味での「日本人にしか理解できないおいしさ」を秘めた食べ物ではないでしょうか。

I　日本人の心ですよね。日の丸の真ん中があんぱんになっててもいいんじゃないか（笑）。

Y　それは賛成！　あんぱんをパリに住む日本人に向けて作っているのって、そこですよね。懐かしい日本の味を食べてもらいたいって。

わが心のあんぱんたち

I　銀座木村家のあんぱんはやっぱりおいしいんですよね。超えられない何かがあります。あと、**365日**[*14]の**あんぱん**（17ページ写真）は衝撃を受けました。最初に食べたとき、何を食べてるかわからなかった。

Y　そんなに特徴的なんですか？

I　特に白あんですが、あんこがフルーティー過ぎて。あと空洞があるんですよ。

Y　フルーティーって白あんそのものが？　それとも何か

隠し味が？

I 白あんだけです。あんこってそもそもフルーティーだと思っています。だからいちご大福とかに合うなと思ってました。

Y 素材そのものの香りがすごくするってこと？ 香り高いってことでしょうか？

I 「華やか」という表現ですかね。安納いもと普通のいもの差みたいな。

Y 少しわかったような気がしますが……。空洞は製造上どうしてもできるみたいですね。だから、あんぱんの真ん中におへそを作るんですよね？

I そうですね。木村家のあんぱんみたいに空洞ができないのがいいとされてるんです。空洞があると、損をしたとクレームをいう人がいる。別に損はしてないと思うんですが（笑）。逆に365日のあんぱんは空洞ができるように作られています。パフッとする食感だったり、食べる瞬間に弾ける香りを楽しんだりするためです。

Y 自分のところであんこを炊いているお店は少ないですよね？

I 一般的にはあんこは製餡所で買います。**ルヴァン**[*15]の系統のような手作りにこだわるパン屋さんは自分で炊くことが多い気がします。ルヴァン出身の**cimai**[*16]のあんぱんたは

＊12　レ・サンク・サンス
東京都世田谷区若林1-7-1
プチピエール三軒茶屋1F
03-6450-7935
8:00～21:00　不定休
www.les5sens.jp
ポワラーヌ出身の初代シェフが持ち込んだレシピを元に作るハード系中心のブーランジュリー。

＊13　Boris
ボリス
48 rue Caulaincourt, 75018 Paris
モンマルトルの丘近くにある、日仏夫妻二人三脚で営むお店。プレーン生地と抹茶生地のあんぱんがある（16ページ写真は抹茶生地）。

＊14　365日
東京都渋谷区富ヶ谷1-6-12
03-6804-7357
7:00～19:00　2月29日休み
www.365jours.jp
杉窪章匡オーナーシェフが、農家から直接とり寄せたもの、国産小麦など素材にこだわり、イノベーティブなパンを作る。

＊15　ルヴァン
東京都渋谷区富ケ谷2-43-13
03-3468-9669
8:00～19:30（日祝～18:00）
月曜・第2火曜休み
levain317.jugem.jp
パンの聖地と呼ばれる、日本初の自家培養発酵種専門店。農家に足を運んで小麦を仕入れ、玄麦を挽く。パンを捨てないことや、物々交換を通じてみんなが共生できるようにしたり…。甲田幹夫オーナーの哲学はパン屋や自然食の実践家に多くの影響を与えている。

＊16　cimai
埼玉県幸手市大字幸手2058-1-2
0480-44-2576
12:00～18:00頃　不定休
www.cimai.info
ルヴァン出身の、発酵種で作る姉、イーストで作る妹の姉妹によるハイセンスな一軒。

実験2

あんバタートーストをさらにおいしく食べるアイデア

密かにブームになっているあんことバター。このゴールデンコンビに何かをプラスすることで、さらにおいしいものに昇華させたいという欲から始まった実験。食パンをトーストし、バターを塗って市販のつぶあん（好みでこしあんでもよい）をのせ、あんバタートーストを作る。塩、黒糖、きな粉、シナモン、ホイップクリーム、ラム酒、黒こしょう、いちご、ゆずなど、あんこに合いそうな素材をトッピングして試食。あんバタートーストに合うベストなトッピングを6つ選んだ。（Y）

きな粉

きな粉には好みで塩を少し入れるとあんこの甘味も引き立つ。その上にすりごまをかけても。日本人はみんなが好きな味。きな粉とトーストも合う。

塩

サラサラの食卓塩よりも湿り気のある塩がおすすめ。塩であんこの甘味や香りが引き立ち同じあんことは思えない味になる。その上にゆずの搾り汁をかけても。

洋酒ホイップクリーム

好みで砂糖を加えて生クリームを泡立てる。8分立てになったら洋酒(ラム酒、ブランデー、キルシュなど)を加えて軽く混ぜ、のせる。ホイップクリームとあんこでもものすごく合うが、さらに変化と大人感がプラスされる。

シナモン

シナモンパウダーをかけることで生八ッ橋味になる。シナモンという洋のものが和に変換された。

いちご+黒こしょう

好みの形にカットしたいちごをのせ、黒こしょうをふりかける。いちご大福でおなじみの相性。酸味とフレッシュさが加わる。

ゆず

ゆずの搾り汁をまわしかけ、皮の黄色い部分の千切りをのせる。舌にまとわり過ぎるきらいのあるあんこの甘さを酸味がキリリと引き締める。

すごく好きです。バターは塗らずにスライスしてあんこと一緒にはさみます。つぶあんは豆の香りが濃厚で、甘さが控え目なので、それがパンのほんのりとした甘さと呼び合って、おいしくなります。自家製あんこがおいしいのは**ベッカライ徳多朗**[*17]（17ページ写真）。パン生地にワインが入っていて、香りと口溶けがいいのです。開店当時から休まずあんこを炊いているのが誇りとおっしゃってました。

Y　それはおいしそう！　食べてみたいです。

I　**あんです MATOBA**[*18]というあんぱんを豊富に揃えるお店があります。的場製餡所という約30種類のあんこを製造するあんこメーカーが経営母体で、そのお店にもたくさんの種類のあんぱんがあります。社長さんが88歳。パン屋は自分であんこを炊くべきだと力説してました。あんこのおいしさは鍋の大きさに反比例すると科学的にデータが出ているので、既製品より手鍋がおいしいのだと。

Y　それは説得力がありますね。ところで、あんぱんのあんこはつぶあん派？　それともこしあん派ですか？

I　こしあんの方が好きですね。舌にざらつきがあるのに、すーっと溶ける感覚が好きですね。

Y　私はあんぱんに限らず何でもつぶあん派です。小豆の薄皮がないと何を食べてるのか、わからなくなる。それくらい私にとって薄皮のハラハラとした食感も、あんこの一部なんです。

I　あとは、巣鴨のとげぬき地蔵の前にある**喜福堂**[*19]（17ページ写真）という昔ながらのパン屋が好きですね。2代目和菓子職人だった祖父のレシピを代々継承し、あんこを練っています。昔ながらの超オーソドックスな感じで、つぶあんがおすすめです。つぶあんの味わいと、こしあんの口溶けのいいとこどりみたいな感じです。

Y　とってもおいしそう。

I　**パナデリア シエスタ**[*20]（17ページ写真）のつぶあんもそういう感じでした。豆の皮の香りは上品でありつつ、だけど皮っぽさが口に残らず、甘美なこしあんの口溶けも同居しているのです。店主の水谷さんによると、あんこはいかに皮を破らずにやわらかく炊くかだと。カプセルみたいに、香りや旨味がその中に閉じ込められるそうなんですね。べストの状態にもっていくには、豆が採れたてか否か、浸ける水の温度や時間、火加減、水の量、混ぜ方とあらゆるフアクターが関わってくるので、10年やっても足りないと話していました。

Y あんこ作りって本当に大変なんですよね。自分のところで丹念にあんこを炊いてるパン屋さんのあんぱんって、日本人の心、あんぱんの理想形ではないでしょうか。パンとあんこの双方に、作り手の思いが練り込まれていますから……。

＊17　ベッカライ徳多朗
神奈川県横浜市青葉区
元石川町6300-7
045-902-8511
7:00〜18:00　火曜・水曜休み
あんぱん、食パン、カレーパン、ミルクフランスとたくさんの名物をようする大人気店。センター北店もあり。

＊18　あんですMATOBA
東京都台東区浅草3-3-2
03-3876-2569
8:00〜18:00　日曜・祝日休み
こしあん、つぶあん、うぐいすあん、ずんだあん、ごまあんなど、常時20種のあんぱんを揃える。

＊19　喜福堂
東京都豊島区巣鴨3-17-16
03-3917-4938
10:00〜19:00（売り切れ次第終了）
月曜・火曜休み
（4がつく日［縁日］と祝日は営業）
www.kifukudo.com
あんぱんは巣鴨名物。2代目が和菓子職人であったため、こしあん、つぶあん共に製法が違う。クリームパンも2代目の秘伝レシピ。

＊20　パナデリア シエスタ
神奈川県横浜市青葉区奈良5-4-1
レーベンスラウム1F
045-963-5567
7:00〜18:30　月曜休み
panaderia-siesta.com
自家製粉のみならず一部自分で栽培した小麦も使用。フィリングからすべて自家製。

BOULANGERIE
CONFISERIE
BOULANGERIE
PATISSERIE
DU
DE LA
GALETTE
BOULANGERIE
PATISSERIE
DU
DE LA
GALETTE

クリームパン

生まれたときからバニラビーンズ世代

Y 昔のクリームパンのクリームって、薄いというか、透明感がありませんでした？

I 白っぽかったはずです。若いシェフですが、ブーランジュリーと名のらず町のパン屋っぽくしているお店です。そこのクリームパンのカスタードは白く、あえて薄味にしてるんです。それを年配の人たちが「懐かしい」といって食べてます。もちろん、あくまで昔風にしているだけで、きちんとした材料で作られています。千駄ヶ谷に**ますだ製パン**[*1]というお店があります。

Y 昔のクリームパンは卵が入っていなかったってこと？

I 卵の量が少なかったか、全卵を使っていたのかもしれません。卵は病気のときにしか食べられなかったぐらいですから。戦後、**卵の価格**[*2]は爆発的に下がったみたいですね。クリームの香りづけに使うバニラエッセンスがバニラビーンズになったのも、結構最近ですよね。ちなみに、ますだ製パンは全卵でカスタードを作っているようです。

Y **「生まれたときからバニラビーンズ」**[*3]という世代が育っていそう。近年の食生活の豊かさの恩恵といえるでしょうね。あの神々しい香りの粒が、昔はゴミが入ってるっていう苦情がつきものなくらい認知されてなかったですよね。昔、実験的に全卵でカスタードを作ってみたことがあるんです。もし、おいしくできれば、お菓子屋さんが余った卵白の再利用に頭を悩ます必要がなくなるでしょう。でも、全卵で作ったカスタード、私の狙った味にならなかったんですよ。カスタードは卵白を余らせても、卵黄のみで作るべきものだって再確認しました（笑）。

足し算のフランス、引き算の日本

I クリームパンの元祖は**中村屋**[*4]。中村屋の創業者夫妻が、シュークリームを食べて、そのおいしさに驚き、あんぱんのあんこの代わりにカスタードクリームを入れることを思いついたらしいんです。あんこよりも栄養価も高いのでは、と。明治37年（１９０４年）のことだそうです。

Y なるほど、中村屋ですか。クリーム単独＋パンって、すごく日本らしい発想だなあって思います。日本人ってシンプルな味に敏感だし、シンプルさを好みますよね。禅の精神というのでしょうか。

I　当時の日本はビタミン不足が原因の病気、脚気《かっけ》に悩まされるほど食生活は貧しかったんですよ。創業時、中村屋は東大の前にあったので、牛乳や卵が入って栄養価の高いクリームを入れたのは、親心だったのかもしれません。

Y　文化の面でいうと、フランスはヴェルサイユ宮殿に代表されるように、足すことに価値を見出します。ですから、フランスではシュークリームはお金を出して買うものではない。お菓子屋さんでわざわざお金を出して買うなら、チョコレートやコーヒー味がついているエクレアくらい凝ったものでないと割に合わない、という感覚なんです。フランスではクリームパンは生まれなかったでしょうね。

I　そういう一面はありますよね。しかし、僕はフランス生まれのパン・オ・ショコラなんかはシンプルの美学だと思いますが……。日本では菓子パンは、洋菓子を食べれらないことの代償行為だった、というのがひとつの仮説です。メロンパンとか**帽子パン**[*5]とか、お菓子の部品をパンとくっつけたおもしろいパンがいろいろありますよね。

Y　確かに。欧米と日本とでは、スイーツを食べる歴史の長さが違います。日本はそういう点では、パンという西洋

＊1　ますだ製パン
東京都渋谷区神宮前2-35-9
原宿リビン101
03-5410-7732
9:00〜18:00
土曜・日曜・祝日・不定休
日本人にとってのベーシックなパンを丁寧に作る店。

＊2　卵の価格
1950年（昭和25年）：2370円
1975年（昭和50年）：665円
2012年（平成24年）：213円
（2012年以外は現在の価値に換算。出典：思わず驚く物価の優等生「卵」の価格推移 gakumado.mynavi.jp/gmd/articles/18344）

＊3
『生まれた時からアルデンテ』（平野紗季子著、平凡社）へのオマージュ。

＊4　スイーツ＆デリカ Bonna/ボンナ 新宿中村屋
東京都新宿区新宿3-26-13
新宿中村屋ビルB1F
03-5362-7507
10:00〜20:30　無休
www.nakamuraya.co.jp
1901年に本郷の東大前で創業した老舗。1909年に現在の新宿駅東口に移転。

＊5　帽子パン
丸めた菓子パン生地に流動性のあるカステラ生地をかけて焼き、UFOみたいな形に仕上げたもの。高知県の永野旭堂本店が発祥。高知ではメロンパン以上にパン屋でよく目にする存在。

から入ってきたものから生まれた菓子パンが、洋菓子の代わりとして浸透していった、という池田さんの言葉につきますね。とても日本らしいパン文化だと思います。

柏餅からグローブへ

Y　クリームパンは最初からあのグローブ型だったのですか？

I　中村屋でクリームパンを売り出した当時は、柏餅のような形をしていたそうですよ。

Y　へー、柏餅って、半月型ですよね？　切れ目はなかったんですね？

I　切れ目が入ったのは、あとのことだそうです。焼くときに蒸気が発生して空洞ができるので、それを抜くために切れ目を入れたらグローブのような形になったというのがひとつの説のようです。

Y　おもしろいですね。最初が柏餅型っていうのはすごく納得。そして結果的にグローブのようなハイカラな形になったというのも、かわいいお話ですね。

I　いま、クリームパンはキューブ型になったり、今川焼のような形に進化しています。そのことを職人文化の退廃と嘆くベテランもいます。

フランスにもカスタードを使ったパンはあるのか？

I　ところで、フランス語でカスタードクリームを「パティシエール」というのは何でなんですか？

Y　カスタードクリームはフランス語で「クレーム・パティシエール」、略して「パティシエール」といいます。16世紀頃に誕生し、菓子職人の手で改良されていったそうです。「菓子職人のクリーム」という意味ですから、お菓子屋さんの基本クリームになります。だからでしょうか、私にとっては、パンよりもお菓子に合わせるクリームというイメージが強いんです。

I　例えばどんなお菓子に使われているんですか？

Y　いわゆるフランスの古典菓子といわれる、エクレア、**ルリジューズ**[*6]、ミルフィーユ、**サン・トノレ**[*7]、**シブスト**[*8]、**ピュイ・ダムール**[*9]、**ポロネーズ**[*10]。**サヴァラン**[*11]なんかにも使っているお店がありますね。でも、どのお菓子も日本ほどカスタードクリームが目立ってません。食べたら、「あっ、これもカスタードクリームを使ってる」って感じかな。

I フランスにはクリームパンに近いものってあります？

Y カスタードがのったパンや巻き込んだパンはあります。

I パン・オ・レザン、あれカスタード使ってますよね。パン・オ・レザンは最高ですね。おいしいのに当たったときは人類最高の食べ物かと思います。

Y パン・オ・レザンほど、できに差が出るパンはないですよね。ただ、パリで暮らし始めた頃、「ぶどう入りのパン」を意味するパン・オ・レザンが、日本のぶどうパンとは全く違うもので、ちょっと驚きましたが……。

I 日本のパン・オ・レザンで、ブリオッシュタイプなら**セテュヌボンニデー**[*13]（32ページ写真）が、デニッシュタイプなら**カタネベーカリー**[*12]（32ページ写真）、僕は好きですね。パン・オ・レザンって、カスタードクリームの「あら、いたの？」的な存在感がいいですよね。接着剤的な役割を果たしつつ、湿り気を与えているというか。

パン・オ・レザンの他に、フランスのカスタードがのったパンというのは、どんなパンですか？

Y 目玉焼きみたいにアプリコットがふたつとカスタードがのったパン**「オラネ」**[*14]（33ページ写真）、カスタードとチョ

＊6　ルリジューズ
「修道女」という意味。大小のシュークリームを重ね、修道女に見立てた古典菓子。チョコレート味とコーヒー味が定番。

＊7　サン・トノレ
パン職人・菓子職人の守護聖人サン・トノレ（聖オノレ）の名前がついた古典菓子。パイ生地のまわりにカラメルをかけた小さなシューを貼りつけ、中央を2層のクリームで飾ったもの。

＊8　シブスト
パイ生地とシブストクリーム（ゼラチンを加えたカスタードクリーム＋イタリアンメレンゲ）を合わせた古典菓子。表面を焦がし、加熱したりんごが入るのが一般的。

＊9　ピュイ・ダムール
「愛の井戸」という意味。パイ生地もしくはシュー生地などで作った台の中央にカスタードクリームを詰め、表面を焦がした古典菓子。

＊10　ポロネーズ
ブリオッシュにレーズンや果物の砂糖漬けを加えたカスタードクリームをはさみ、まわりをイタリアンメレンゲで覆って軽く焼き色をつけた古典菓子。

＊11　サヴァラン
ババ（シロップを浸み込ませた発酵菓子）をもとに考案され、美食家ブリア・サヴァランの名前がつけられたリング型の古典菓子。真ん中の穴にクリームが入る。

＊12　カタネベーカリー
東京都渋谷区西原1-7-5
03-3466-9834
7:00～18:30
（カフェ7:30～18:00LO）
月曜・第1、3、5日曜休み
国産小麦など高品質の材料で日常のためのパンを作る、日本型ブーランジュリー。

コチップがサンドされたブリオッシュ**「シュイス」**[*15]（33ページ写真）など……。

I　オラネはすごくかわいい。宇宙人の顔みたいですね。

Y　四角の2点を折り曲げている形ですよね。もともとはアルジェリアのヴィエノワズリー（87ページ）みたいで、**ピエ・ノワール**[*16]の人たちがフランスに持ち込んだそう。それから、リヨン辺りで食されているレモンクリームが入ったヴィエノワズリー**「ビション・オ・シトロン」**（33ページ写真）。最近パリでも見かけますが、ショソン・オ・ポム（126ページ）の仲間で、中には牛乳の代わりにレモン汁を使った甘酸っぱいレモンクリームが入っています。

純粋クリームパンは和の心？

I　**オーバカナル**[*17]には昔からデニッシュにカスタードがのっているだけのダノワーズ・パティシエールがあります。フレッシュなフルーツデニッシュ全盛期だったので、逆にシンプルに感じてうまかったのを覚えています。フランスにはカスタードとデニッシュだけというのはありますか？

Y　それがないんです。カスタードとブリオッシュ生地の**タルト・トロペジェンヌ**[*18]というお菓子はありますが……。

I　デンマークそのもののパンを出す**イエンセン**[*19]にはカスタードを使ったいろんなデニッシュがありますが、たいてい、他のものと組み合わせられてますね。チョコクリームがトッピングされた**ショコレーゼボロ**（32ページ写真）や、アイシングをのせた**スモーケア**（112ページ写真）など。クリーム単独＋パンの純粋クリームパンは日本にしかないとなると、海外ではクリームはパンのフィリングとしては主役になりきれない扱いなんですかね？

Y　そこがシンプルなものを好む日本人とデコラティブなものを好む西洋人の嗜好の違いなのかもしれませんね。

カスタードではなくカスターを炊く

Y　パン屋さんとお菓子屋さんは同じようなカスタードを作っているのでしょうか？　イメージとしては少しパン屋さんの方がかたいイメージですが。

I　お菓子屋さんの方が濃厚なイメージですよね。確かに、パンの中に入れやすいよう、パン屋さんのはかたく作りますね。食べ手の方も、かたくてぷりっとしているのがいいという人がいます。

Y　日本のお菓子屋さんでは「カスターを炊く」っていうんですよ。材料は小麦粉だと粘度が弱いのでコーンスターチなども加えます。

I　パン屋さんでも、カスターっていいますね。熱い鍋を汗をたらしながらすごい勢いでかきまわしているイメージ。それに耐える体力、精神力がパン屋の本領という勢いで。

Y　そうそう、そんな感じ。お菓子屋でも、カスター炊けないやつは、お菓子屋になるな！　みたいな。

家で作ろう、自分好みのクリームパン

Y　手前味噌ですけど、自分のレシピで作るカスタードが好きですね。

I　ぜひそのレシピを教えてください！

Y　クリームの中でも、単独でデザートになりえるのはカスタードくらいだと思いますよ。それはつまり、カスタードだけをデザートとして出しても、全然食べられてしまうってことです。

池田さんだったら、自分で作ったカスタードとパンをど

＊13　セテュヌボンニデー
神奈川県川崎市多摩区登戸1889
今野ビル1F
044-931-6910
7:30〜19:00　火曜休み
cestune-bonneidee.com
365日杉窪章匡氏プロデュース店。テーマはフランス。バゲットなどハード系に注力、キッシュはパリの名店ジェラール・ミュロと同配合。

＊14　オラネ
アルジェリアの都市「Oran（オラン）のもの」という意味。その昔アルジェリアには多くのフランス人が移住しており、フランスのカスタードと当時アルジェリアで多く栽培されていたアプリコットを組み合わせたヴィエノワズリーが考案されたという一説がある。クロワッサン・オ・ザブリコやアブリコティーヌなど呼び名も様々。

＊15　シュイス
「スイスのもの」という意味だが、スイス生まれかどうかは定かではない。パン・シュイス、ブリオッシュ・シュイス、ショコラティーヌ、ドロップなど、オラネ以上に呼び名は様々。

＊16　ピエ・ノワール
1962年のアルジェリア戦争終結にともなって、地中海岸アフリカ諸国からフランス本国に引き上げてきたヨーロッパ系の植民者。

＊17　オーバカナル
東京都港区赤坂1-12-32
アーク森ビル2F
03-3582-2225
8:00〜19:30（土日祝10:00〜）　無休
www.auxbacchanales.com
フランス人が集い、パリさながらの雰囲気が楽しめる。他に赤坂店をはじめ、都内8店舗で展開。

＊18　タルト・トロペジェンヌ
丸く焼いたブリオッシュにカスタードクリームをベースにしたクリームをはさんだ発酵菓子。南仏のサン・トロペにある老舗「ラ・タルト・トロペジェンヌ」が元祖であり、製法も企業秘密とされている。

イエンセン
ショコレーゼボロ
30ページ

パンステージプロローグ
アップルカスタード
34ページ

シャン・ドワゾー
クロワッサン・ア・ラ・クレーム
34ページ

カタネベーカリー
パン・オ・レザン
29ページ

セテュヌボンニデー
パン・オ・レザン
29ページ

ピュイサンス
パン・オ・パティシエール
38ページ

Backstube ZOPF
マンゴーブリオッシュ
34ページ

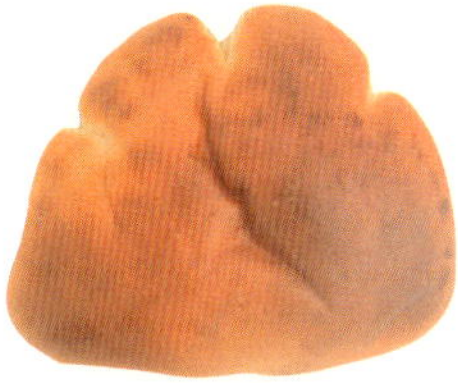

komorebi
クリームパン
38ページ

nukumuku
クリームパン
35ページ

フランスのカスタードを使ったパン

ビション・オ・シトロン
30ページ

シュイス
30ページ

オラネ
29ページ

うやって食べます? ここでは、そのままスプーンでお口にっていうのは、なしです(笑)。私なら、まず食パンにバターを塗って、板チョコをのせてトーストします。その上に冷たいカスタードをたっぷりのっけるかな。

I チョコとカスタードはいいですよね。りんごとカスタードも相性いいです。**パンステージプロローグ**[*20]に**アップルカスタード**(32ページ写真)という名物メニューがあります。りんごのコンポートが丸ごと1個クリームパンの中に入っています。

Y 何とも贅沢なパンですね。すごくおいしそう! あとバナナとカスタードの組み合わせも好きです!

クリームパンには、どんな生地が合うと思いますか?

I ブリオッシュもいいし、クロワッサンもいいですよ。クロワッサン・ア・ラ・クレーム、最高ですね。

Y 食べたことないです。フランスにはないから、日本生まれのフランセですね。

I **シャン・ドワゾー**[*21]ってお菓子屋さんがあるんですが、注文してからクロワッサンを切ってクリームをあと入れしてくれるんです(32ページ写真)。お菓子屋さんのカスタードはうまいですし、ここはクロワッサンのレベルもすごく高いです。ゆりこさんなら、そこに果物入れてくれって、いいそうだけど。

Y ほしいです! そうですね、レモン汁でもいいです。酸味も含めてフレッシュ(生)さ、がほしい。レモン汁の場合は、クロワッサンにはかからないように、クリームだけにピンポイントで。クロワッサンと果汁が合わさるのは、お口に入ってからのお楽しみ!

I カスタードに果物の汁がかかる瞬間が最高ですよね。**ZOPF**[*22]のブリオッシュにフルーツとクリームがのった**マンゴーブリオッシュ**(33ページ写真)やグレープフルーツブリオッシュ。ブリオッシュがぷるんぷるんしていて、カスタードにコクがある。果物を噛むとそこに果汁がかかって酸味でリフレッシュしていく。その感じがたまらないです。

▼ 実験1—
カスタードクリームのレシピ + おいしく食べるアイデア
→36ページ

クリームパンの思い出は走馬灯のように

Y ところでとても基本的な質問なのですが、定番のクリームパンの生地はブリオッシュ生地なんですか？

I 菓子パン生地です。卵や乳製品が入る生地ですが、ブリオッシュほどリッチではありません。

Y それは、あんぱんとかジャムパンと同じ生地ですか？

I 全部、同じ生地で作る店が多いと思います。ですが、クリームパンにブリオッシュを使ったり、あんぱんに酒種を使うことを売りにする店はあります。

Y 菓子パン生地のクリームパンでおいしかったお店は？

I 尼崎の**バックハウス・イリエ**[*23]。ここは1日300個もクリームパンが売れる店です。レジ横にばんじゅうが積み重ねてあり、お客さん全員が「私は3個」「私は5個」みたいな勢いで売れていきます。僕が行ったとき、たまたまクリームパンが焼き立てだったせいで、イカれてしまいました。クリームが黄金色に燃え上がる。それに照射されるように、パンの味わいが白く輝くという感じでした。口溶けがすばらしいというのも大前提ですね。

Y 私も大量買いしてしまいそうです。

I 東京・世田谷の**nukumuku**[*24]の**クリームパン**（33ページ写

＊19　イエンセン
東京都渋谷区元代々木町4-3
03-3465-7843
6:50〜19:00（土曜〜16:00）
日曜・祝日休み
デンマークコペンハーゲン製パン・製菓オーナーズ協会会員の店主が本物のデニッシュを作る。デンマーク大使館の会議にも採用されている。

＊20　パンステージプロローグ
神奈川県横浜市青葉区
美しが丘西1-3-10
045-902-7879
6:00〜20:00　無休
prologue.opal.ne.jp
青森のおばあちゃんから送られてきたりんごを材料にしたのが、アップルカスタードができた始まり。

＊21　シャン・ドワゾー
埼玉県川口市幸町1-1-26
048-255-2997
10:00〜20:00　火曜休み
www.chant-doiseau.com
浦和の名店アカシエ出身のシェフ。お菓子のみならずクロワッサンや食パンが充実したうれしいお菓子屋。

＊22　Backstube ZOPF
千葉県松戸市小金原2-14-3 1F
047-343-3003
6:30〜18:00　無休
zopf.jp
行列が常に絶えない大人気店。クリームパンしかり、どのパンもおしなべて具材はたっぷり、味はこってり濃厚と食いしん坊にうれしい。

＊23　バックハウス・イリエ
兵庫県尼崎市東園田町3-27-2
06-6494-6353
7:00〜20:00　第1・3・5水曜休み
素材は選び抜いたものを使用。クリームパンと並んで食パンも名高い。

＊24　nukumuku
東京都世田谷区太子堂5-29-3
03-6805-5411
8:00〜19:00
月曜・第1、3、5火曜休み
ハイクオリティな生地のにぎやかなパン。小麦などの素材の生産者と直接つながり、フィリングはすべて自家製。

カスタードクリームのレシピ＋おいしく食べるアイデア

カスタードクリーム

材料／作りやすい分量

卵黄——2個分
砂糖——55g
薄力粉——10g
コーンスターチ——15g
牛乳——300ml
バニラビーンズ——⅓本

作り方

1　ボウルに卵黄を入れ、砂糖半量、薄力粉、コーンスターチを順に加え、そのつど泡立て器でよく混ぜる。

2　小鍋に牛乳、残りの砂糖、バニラをさいてしごき出した種とさやを入れ、弱火にかける。

3　沸騰直前になったら火からおろし、1のボウルに少しずつ加えながら泡立て器でよく混ぜる。全部加え終わったら、鍋に戻し、再び弱火にかける。

4　鍋底を木べらで8の字になぞりながら、とろみがつくまでかき混ぜ続ける。表面の細かい泡がなくなると一気にとろみがつき始めるので注意する。

5　とろみがついたら、バットに流し入れ、クリームの表面に直にラップをかける。粗熱がとれたら、冷蔵庫で冷ます。

6　使う直前にボウルに移し、バニラのさやを除いて、泡立て器でなめらかになるまで混ぜる。（Y）

食パン
溶かしキャラメル

キャラメル1粒を15cm角のクッキングシートにのせ500Wの電子レンジで30〜40秒かけて溶かす。トーストしたパンの上になめらかにしたカスタードクリーム1/5量を塗る。溶けたキャラメルが固まったらのせる。

食パン
バナナ＋シナモン

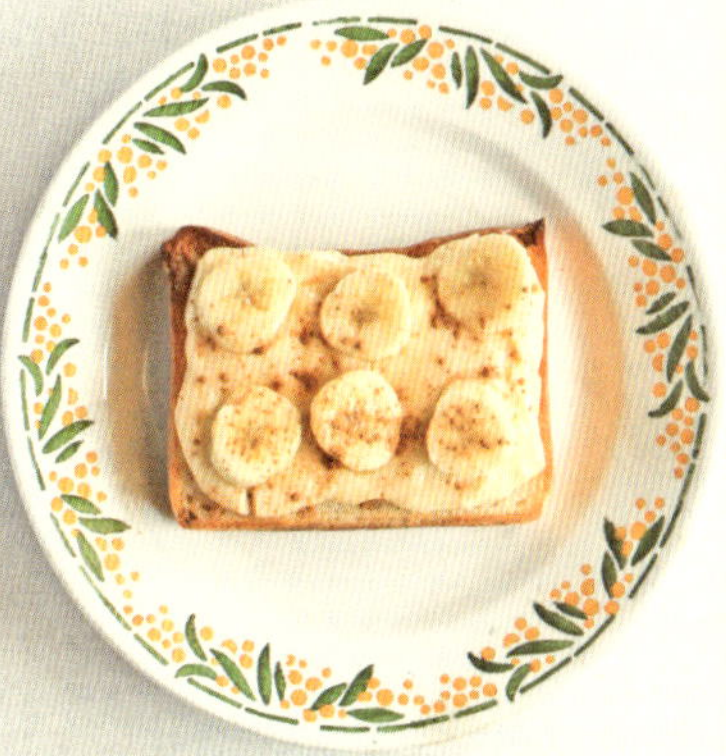

トーストしたパンの上になめらかにしたカスタードクリーム1/5量を塗る。バナナ1/2本を厚めの乱切りにしてのせ、シナモンパウダーをふりかける。

ブリオッシュ
ラムシロップ＋レーズン

水100ml、砂糖15〜20g、レーズン5gを小鍋に入れ、中火で2分煮る。レーズンを除き、ラム酒大さじ1〜2を加えてラムシロップを作る。ラムシロップに厚さ1.5〜2cmのブリオッシュを5分浸し、しみ込ませる。ブリオッシュになめらかにしたカスタードクリーム1/5量とレーズンをのせる。

クロワッサン
レモンの搾り汁＋すりおろした皮

なめらかにしたカスタードクリーム1/5量にレモン汁小さじ1を加え、よく混ぜる。クロワッサンに切れ目を入れ、軽くトーストをする。カスタードクリームをはさみ、レモンの皮のすりおろしを適量、クリームの部分を中心にふりかける。

真）。ふわふわっとした生地は、歯切れにしても、口溶けにしても、クリームと合わさったとき違和感がないように作られているので、クリームパンの幸福を最大限に感じられるんだと思いました。**ピュイサンス**[*25]という横浜のお菓子屋さんの**パン・オ・パティシエール**（33ページ写真）。これは本当にフランス的なクリームパンだと思います。からし色の見るからに濃厚なクレーム・パティシエールに、薄くて焼き締められたブリオッシュ。いままで食べた中で一番濃厚なクリームパンですね。

Y　クリームパンも本当にいろいろあるんですね。おいしいクリームパン、食べたいです。「クリームパン」という温度のある響きとチャーミングな形には、昔から心奪われていましたから、舌も奪われたい（笑）。

クリームパンはカスタード玉

I　クリームパンって「カスタード玉」です。

Y　それはつまり？

I　パン生地の部分は口溶けがよくて、カスタードを邪魔しないのがいいのです。ある意味、ワッフルに近いといえるかもしれません。先述した中村屋もクリームパンを作り始めたとき、ワッフルも同時に作っていたんですよね。

Y　そんなパン生地のクリームパンってあるんですか？

I　**komorebi**[*26]という店の**クリームパン**（33ページ写真）もそんな印象です。おいしいクリームパンはパンとクリームが交錯しますね。パンは香りがよくて、バターとか卵がリッチで、クリームとの違和感がないこと。そのあとに、おいしいクリームが来て、パンをあっという間に追い抜いて、クリームの世界に持っていく。

Y　共に異素材だけど、違和感なく行き来があるみたいな感じでしょうか。

I　クリームの爆発が終わると、パンで締めてまとめてくれるんです。ゆりこさんが「カスタードそのまま食べるのなしね」っていったけど、クリームパンの中にカスタードだけを食べる部分があるのがいいのです。クリームパンのパンは「カスタードの邪魔をしない、でもあった方がいい」そんな感じです。それがクリームパンはカスタード玉の意味です。

Y　なるほど、理想のクリームパンの形がよくわかる表現です。「あら、いたの?」のパン・オ・レザンと逆ですね。

I　そういえば逆ですね。水風船の水の代わりにカスタードを入れて投げて爆発させるみたいな。

Y　昔、水風船の中にアイスが入った「たまごアイス」って、ありましたよね。それが頭に浮かびました。あの水風船の部分がパンということかな? 理想のクリームパンって、おいしいクリームとそれをそっと支えるパンであるってことですね。

I　パンはそういう立ち位置が似合います。

クリームパンに合う飲み物とは?

Y　あんぱんは牛乳と合わせましたがクリームパンには?

I　紅茶は? 懐かしい系であえてリプトンとか。

Y　クリームパンと紅茶、上品なとり合わせでいいですね。

I　他にもどんな紅茶が合うのか実験してみましょうか?

Y　ですね、クリームパンに合う紅茶を探求しましょう。

▼
実験2——
クリームパンと紅茶のペアリング。あえてティーバッグで
↓40ページ

＊25　**ピュイサンス**
神奈川県横浜市青葉区みたけ台31-29
045-971-3770
10:00～18:00
木曜・第3水曜・不定休
www.puissance.jp/
色とりどりのコンフィズリーをはじめ、意欲的な品揃え。

＊26　**komorebi**
東京都杉並区永福3-56-29
03-6379-1351
9:00～19:00　月曜・木曜不定休
夏には北海道の小麦畑を訪れるなど、いつも生産地の想いを胸に、素材を大切にパンを作る。

クリームパンと紅茶のペアリング。あえてティーバッグで

クリームパンに合うのは、紅茶でもティーでもなく「お紅茶」なのかなと思った。それは、ウバのような難しい種類ではなく、クラシックな飲み慣れたものだろう。そこで、ティーバッグだけ集めて、ペアリングすることにした。

× リプトン イエローラベル

なじみ深い味。あーこれこれと思う、いわゆる「これこれ感」がある。懐かしく、いつかどこかで口にした味。

× トワイニング レディグレイ

柑橘のピール、それを華やかにするベルガモットの風味がクリームと合わさり、オレンジデニッシュを食べるときのような恍惚を感じる。ブレンドされた柑橘類のピールの酸味がクリームの甘さを引き締めている。レモンティーでも似た効用があるだろう。

× トワイニング イングリッシュブレックファスト

アッサムを思わせる香りが豊かに鼻孔を駆け抜ける。クリームパンの風味の残り具合とタイミングによっては、両者が相まってミルクティーのようになる。

× トワイニング ゴールデンアッサム

濃く淹れてミルクティーとして飲んだ。ミルクを仲立ちにして混ざり合うクリームの甘さと紅茶が懐かしい感覚。間違いない組み合わせ。

× ルピシア ダージリン・ザ ファーストフラッシュ

クリームの甘さを若々しい草っぽさが洗い流して、やがてダージリンの芳香一色になる。普通においしい。ここにフルーティさ、軽い酸味があれば、と思った。例えば、レーズン入りのクリームパンがあれば、おもしろそう。

× クリッパー オーガニックラズベリーリーフティー

ラズベリーの強烈な香りと、ローズヒップの酸味に、

カスタードをもってしても追いつけない。惜しい。風味の相性は合っている。濃度の問題だ。クリームパンを食べてから飲むのではなく、お茶を飲んでからクリームパンを食べるぐらいでちょうどよかった。

× 熊本県産 天の紅茶

日本で作られた、いわゆる和紅茶。ほうじ茶に似たフレーバーの中に、ダージリンに似た草っぽさが混じっている。クリームパンと合わせると、眼前に縁側で3時のおやつをしている風景が広がった。饅頭を食べる感覚。これは、クリームパンやあんぱんなど、日本生まれのパンと合わせるために生まれてきた紅茶ではないか。

思ったのは、茶葉の種類と同じぐらい、クリームパンとお茶の濃度を合わせることが重要なのではないかということ。薄くては物足りないし、苦くても邪魔してしまう。そんなことまで考えだすと、ティーバッグでもなかなか奥深いのだ。（I）

（写真右から）リプトン イエローラベル、トワイニング レディグレイ、トワイニング イングリッシュブレックファスト、トワイニング ゴールデンアッサム、ルピシア ダージリン・ザ ファーストフラッシュ、クリッパー オーガニックラズベリーリーフティー、熊本県産 天の紅茶

ウラワベーカリー

埼玉県さいたま市浦和区仲町4-2-14 掛川ビル1F　048-838-3767
8:00～18:00　日曜・第1、3月曜休み
urawabakery.blog.fc2.com/
特別なパンではなく、日常使いできるベーシックなパンを高品質に提供。クリームパンは、生地がサックリほどけつつ、しっかり素材を香らせ、自家製のカスタードもシンプルでのどをすっと通る。

Column

1

ミルクフランス　乾きにおいてこそ潤いを見い出す

パンの表現として、「しっとりモチモチでおいしい」という言葉をよく聞く。では、しっとりでもモチモチでもないパンはおいしくないのだろうか？　パンに人々が期待する、「しっとりモチモチ」と逆方向に歩むパンがある。ミルクフランスだ。彼の歩みは孤独だ。ソフトフランスと呼ばれる生地は、単独で食べることはさして歓迎されない。ひたすらミルククリームに奉仕するために、注目されることもなく、地味な仕事を続ける。

ブラフベーカリー（横浜）の「ミルクスティック」[1]。このパン生地は乾いている。ひたすら香ばしい十勝産はるきらりの乾きの中へ、ミルキーこの上ない練乳クリームの甘い潤いが、じわじわじわと吸い込まれていく。乾きと潤い。両者は何口食べても必ず惹き合う。愛し合う恋人たちのように。

乾きにおいてこそ潤いを見い出す。極限の乾きがミルククリームという潤いを召喚する。何かを求めるならば、全く反対の方角へと歩まなければならないという教訓さえ、ミルクフランスは私たちに教えてくれるのだ。

偶然なのか、あるいは名作ミルクフランスを育む土地柄なのか。パン愛好家の誰もが褒めそやすミルクフランスも横浜市にある。**ベッカライ徳多朗（たまプラーザ）の「ミルククリーム」**[2]だ。

「こんなにやさしく溶けるミルククリームがあるだろうか?」と、2年前のメモに私は書きつけていた。バター感、ミルク感、甘さ。ミルククリームを作る3要素が、それぞれ主張しながら、かつどれも前へは出ない。三つ巴の絶妙な塩梅。口腔で唾液があまりにダラダラとしたたる。もうだめだと思ったところに、香ばしさ、ざくりとした食感が訪れる。懐かしい香りがするソフトフランス生地が唾液の洪水から救いつつ、その塩気でより甘さを高め、いっそうの快楽へ導く。

あまりにも偉大な師匠を持つことの苦悩。いかにして師匠の真似にならず、それを超えることができるか。そんなトライ&エラーの跡を、徳多朗出身である**パナデリア シエスタ（横浜）の「イチゴミルククリーム」**[3]から感じた。

ソフトフランスの逆をいく。サックリ感に代えて、モッチリさ、引きの強さ、しっとりさという、潤いに強さを兼ね備えた方向へ、パン生地は歩む。では、その潤いをどのようにクリームに与えるか。全く新しいアプローチ。ヨーグルトのさわやかな甘酸っぱさを導入する。酸味の力で唾液の分泌は活発になり、普通のミルククリーム以上に潤う。

素材を大事にすることは師匠譲り。生のいちごからクリームを手作りしている。いちごそのものを食べている錯覚に襲われるほど、フレッシュな香りが弾け飛ぶ。それは潤っているがゆえに軽やかで、麦の香ばしさも同時に引き立てる。潤いがもたらしたものは、いちごとミルクと麦の仲睦まじい邂逅《かいこう》だ。（I）

1

2

3

ブラフベーカリー　135ページ参照

ベッカライ徳多朗　23ページ参照

パナデリア シエスタ　23ページ参照

メロンパン

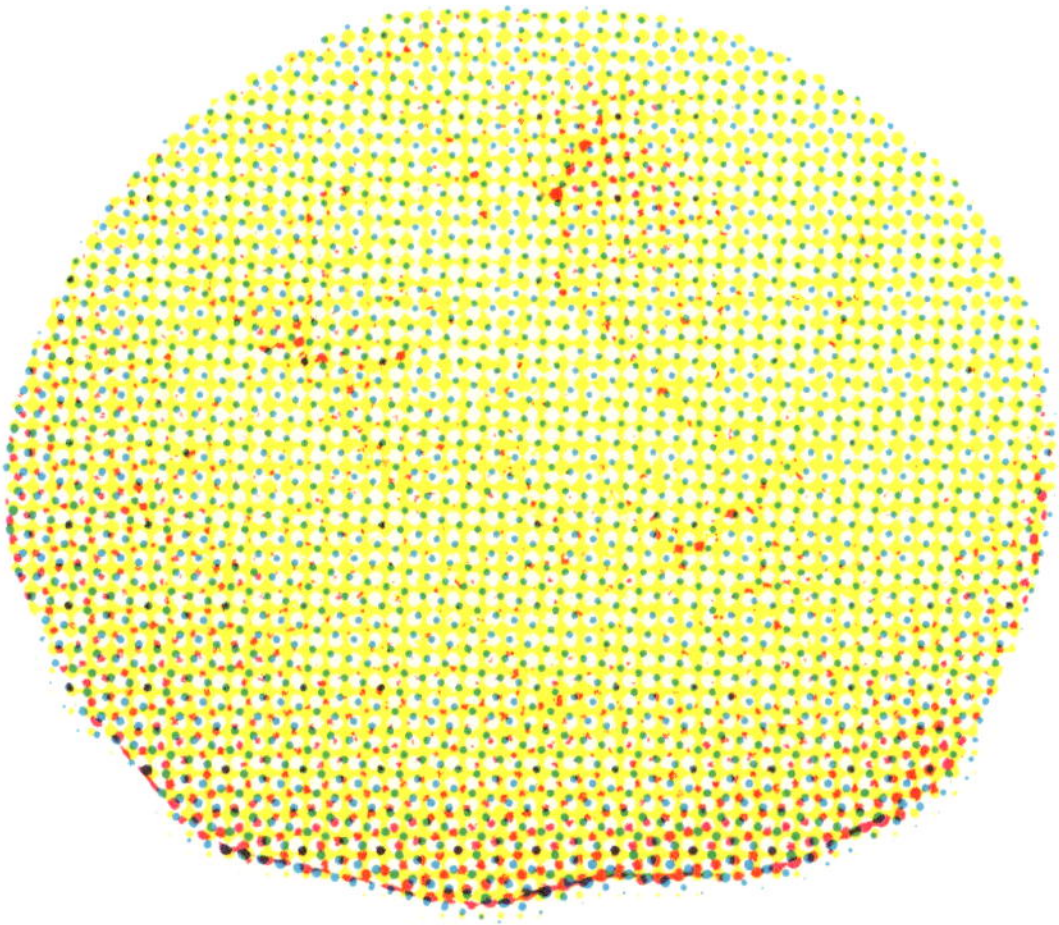

メロンパンは誰が作ったのか？

Y メロンパンって、表面の皮がしっとりしているとか、ガサッとかたいとか、焼きが浅くて白っぽいとか、きつね色にしっかり焼けてるとか、お店によって違いますよね。いまでもメロンパンって人気なんですか？

I メロンパンブーム的なのはありました。10年ぐらい前、移動販売車によるメロンパン専門店が流行ったことがあって。郊外のショッピングセンターの駐車場に行列ができていましたね。

Y メロンパンが誕生したのは戦後くらいでしょうか？

I 東京には大正時代にすでにあったと、『メロンパンの真実』（東嶋和子著、講談社）という本に記述がのっています。この本は、メロンパンを誰が作ったのか、わからないので調べていくという話です。

Y おもしろそう。

I ドイツ人が伝えた**シュトロイゼルクーヘン**[*1]が原型だとか、日本人の創意工夫によるものだとか、諸説をたどっていきますが、結局真実には至れません。

Y 以前、世界のパンについて監修したときに、メキシコの**コンチャ**[*2]がメロンパンの原型だと書いてある資料を読みました。コンチャの皮の部分の配合を見ると、**ショートブレッド**[*3]と**ポルヴォロン**[*4]の中間みたいなホロホロ感のある生地なのかなと。

I その説も『メロンパンの真実』で検証されています。

Y コンチャってスペイン語で「貝」という意味なんだそうです。表面の模様が貝に似てるからでしょうか。日本だとナイフで格子模様を入れますが、コンチャには模様をつけるためのカッターが存在しているんですよ。

I 自然からとってくるという発想はすごく好きですね。

Y メロンパンも形からついた名前ですよね。「メロン」って言葉に私たち長いことだまされていた気がします。メロンって響きが、おいしそうとか、かわいいとか。何だかよくわからないけど、いいイメージを与えるというか。

I それはありますよね。

Y 昔だと、高級なものの代用品的役目もあったり。シュークリームの代わりにクリームパンがあって、メロンの代わりにメロンパンがある、みたいな。

I　西日本の一部では、メロンパンはラグビーボール型なんです。

Y　そうなんですか、じゃあ、メロンじゃないですよね？

I　日本に古くから伝わっていたマクワウリというタイプのメロンはラグビーボール型でした。丸い形のサンライズと区別されている地域があって、それは九州北部の一部から京阪神まで広がっています。例えば、アンデルセン（18ページ）は広島が発祥なので、メロンパンは全国どこのアンデルセンでもサンライズとして売られています。

Y　私は生まれも育ちも福岡ですが、ラグビーボール型のメロンパンは見たことないです。

I　広島県の呉に**メロンパン**[*5]という昭和11年創業の店があり、創業者がお子様ランチの型を使って、マクワウリ型の**メロンパン**（49ページ写真）を最初に作ったと『メロンパンの真実』にはあります。僕も食べたことがあるんですが、中に自家製のクリームを入れて果肉を律儀に表現しているんですよ。広島はアメリカに移り住んで帰国した日本人が多かったので、彼らを通じてメキシコのコンチャが伝えられたのではないかと。またメロンパンとサンライズの混在地域が広島を中心に広がっていることとも一致するんですよね。

＊1　シュトロイゼルクーヘン
バターと小麦粉と砂糖を混ぜて作り、そぼろ状のシュトロイゼルを上にふりかけたドイツのパンもしくはケーキ。

＊2　コンチャ
ブリオッシュ似のリッチな生地の上に、ビスケット生地をのせた、メロンパンそっくりのメキシコのパン。貝をかたどったうつくしい模様が描かれる。

＊3　ショートブレッド
イギリス・スコットランドの伝統的な菓子。「ショート」という形容詞には、食感がサクサクしているという意味がある。

＊4　ポルヴォロン
口の中に入れるとホロホロとくずれる食感が特徴の小菓子。スペインのアンダルシア地方のお菓子で、クリスマスの時季に食べられていたとか。炒るかオーブンで焼くかした小麦粉やラードを使っている。

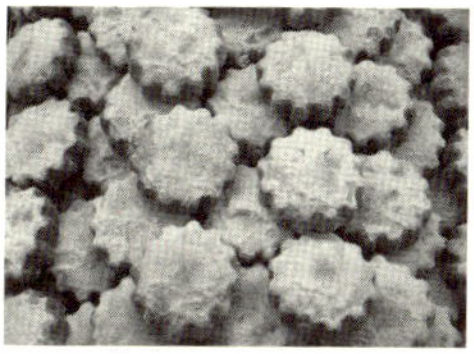

＊5　メロンパン
広島県呉市本通7-14-1
0823-21-1373
7:00～売り切れ次第終了　日曜休み
kuremelon.com
昭和11年より続く老舗パン屋。メロンパンの他、ナナパン（チョコ）、先代が戦後に平和を願って考えた平和パン（いちごジャムとカステラ）など、レトロなパンがいまだに愛され続ける。

歴代のメロンパンを分析する

Y　友人が最中をオーブントースターで焼くと、とってもおいしいって力説していましたが、もしかしたら、メロンパンもオーブンで軽く焼いた方がおいしいのでしょうか？

I　メロンパンをオーブントースターで焼くと、めちゃうまですよ。

Y　やっぱり！　皮の部分が厚ければ厚いほどおいしそう。

I　メロンパンは焼くためにある。

Y　ムッシュの名言、いただきました（笑）。

I　メロンパンはいつもぼんやりとおいしい、そんな感じの食べ物です。甘食に近い感じがありますよね。どこにも焦点が当たらないというか、とらえどころがない。

Y　本当に不思議な存在のパンですよね。ただ、甘食とはアクセスの方向が違うかなって。口の中で咀嚼して飲み込んだ感じはすごく似ているけど、甘食は丸ボーロに近くて和菓子の要素を含んだ洋菓子もどき。メロンパンは洋の要素だけでできているので洋菓子ともいえます。

I　パンとビスケットを一緒にした、ある種のハイブリッドスイーツです。そういえば、ヤマザキでメロンパンの皮だけを商品化した「メロンパンの皮焼いちゃいました。」がヒットしましたよね。

Y　メロンパンの皮好きとしては、うれしい話で。早速、食べてみたのですが不思議な感じでした。やっぱりパンの部分は少しはほしいかなっていう、欲が出てきたりして。

I　食感は大きいですよね。皮のカリカリとパンのふわふわが両方あるという。

Y　菓子パン生地ではなくブリオッシュ生地にクッキーの部分がものすごく厚めのメロンパンだったらいいと思うのですが、どうでしょう。

I　若手シェフの店やフランス流のブーランジュリーを指向する店では、生地にブリオッシュを使う傾向があります（後述のsoilなど）。

Y　あるんですね。食べてみたいです。あと、チョコチップメロンパン。あのとらえどころのない食べ物の中では、チョコの存在って圧倒的ですよね。

I　足りないものを補う感じですね。ちょっとしっとり感

soil by HOUTOU BAKERY

メロンパン

50ページ

カネルブレッド

メロンパン

50ページ

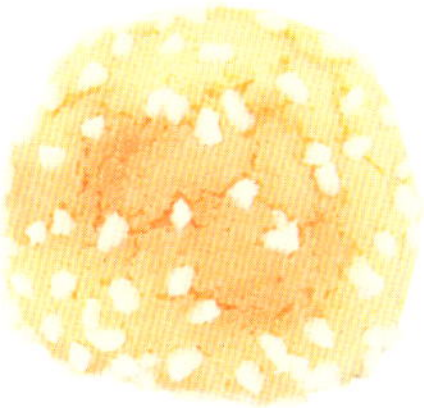

ゴントラン シェリエ

パン・メロン

50ページ

メロンパン

メロンパン

47ページ

新宿高野

クリーミーメロン

50ページ

プーフレカンテ

メロンパン

50ページ

もプラスされるし。

Y あと、クッキー生地がココア風味のものとか。ホイップクリームをはさんだものもありましたよね？ いろんなアレンジのものが一気に増えたというか。

I ホイップクリームは水分添加系アレンジですね。中にクリームを入れるパターンもあります。**新宿高野**[*6]の**クリーミーメロン**（49ページ写真）は、中にメロンクリームが入っています。生地にもメロン果汁を練り込んだ、リアルメロンパンでもあります。

Y 1990年代後半、新宿高野のメロンパンに行列ができていた記憶があります。

I **プーフレカンテ**[*7]の**メロンパン**（49ページ写真）は、カスタードクリームが中に入っていて、口の中を潤わせてくれます。レモンゼストを入れて、メロンパンに足りなかったメリハリと酸味を与えているのも、構成としてすばらしい。

Y あとはクッキー生地にバニラビーンズを入れたりとか。オレンジ色のメロンパンもありますよね、夕張メロン風の。

I 横須賀の **soil**[*8] の**メロンパン**（49ページ写真）はバニラビーンズ入りのクッキー生地と、ブリオッシュの組み合わせです。クッキーもブリオッシュもしっかりと風味があって、リッチなもの同士の相乗効果があります。ブリオッシュがしっとりさを残しているのも秀逸ですね。那須の**カネルブレッド**[*9]に、スペルト小麦をビスケット生地に使った**メロンパン**（49ページ写真）があります。小麦の風味が濃厚にある焼き菓子がパンの上にのっかっている印象。すごくおいしいです。

Y どちらもおいしそう！

I フランス発のパン屋**ゴントラン シェリエ**[*10]では**「パン・メロン」**（49ページ写真）という名前で売ってます。

Y 中はクロワッサン生地で、上にパールシュガーがかかってるんですね。もはやフランスに帰化してしまったメロンパンのようです。

I シェリエ氏が日本のメロンパンからインスピレーションを受けて、日本で開発したそうです。それをパリでも売っていたのは、メロンパンがフランス人に受け入れられているということですね。

Y シェリエ氏は、日本がすごく好きだし、日本の食材にとても興味があって積極的にとり入れているんですよね。

ところで、金沢の方ではアイスクリームをサンドしたメロンパンアイスも人気みたいですね。イタリアではパンにジェラートをはさんだものをブリオッシュ・コン・ジェラートというのですが……。

I メロンパンにジェラートをはさんだら、うまそうじゃないですか！

Y いいですね！ 舌溶けがよいジェラートの方がアイスクリームよりも合う気がします。

▼実験―**メロンパンはジェラートにうってつけ？**
シンチェリータ中井洋輔さんと共に
↓52ページ

日本はパンのガラパゴス

Y メロンパンってどうやって食べますか？

I ムシャムシャ食べます。皮と中身のバランスが大事ですから。僕は何でも一気に食べます。野獣のように。

Y ワイルドですね。私は十字に切って、4分の1を先っぽの方から食べます。最後が皮がいっぱいだから4回も楽しめるんです。

I やっぱり、ゆりこさんは皮好きですね。

Y メロンパンにおいて、皮はとりわけおいしい要素です。

＊6 新宿高野
東京都新宿区新宿3-26-11 B2F
03-5368-5151
11:00〜20:30（日祝〜20:00） 不定休
takano.jp/
1885年創業の老舗フルーツ専門店。フルーツのギフト、ケーキ、パン、オリジナル食品などを販売。

＊7 プーフレカンテ
愛知県名古屋市瑞穂区豊岡通1-25
シャンボール近藤1F
052-858-2577
8:00〜19:00 月曜・火曜不定休
数ヶ月待ちの食パン、色とりどりのデニッシュ、注文が入ってからカスタードを入れるクローネなど、人気のパンが目白押しの行列店。

＊8 soil by HOUTOU BAKERY
神奈川県横須賀市安浦町2-29-1
046-874-6622
9:00〜19:00 日曜・祝日休み
soil-hb.com
地元・横須賀産の食材を大胆に使用。農家から直接届く新鮮な野菜をゴロゴロのせたパン、猿島産のわかめを使ったフーガスなどがある。

＊9 カネルブレッド
栃木県那須塩原市本町5-2
0287-74-6825
8:00〜18:00 火曜休み
www.kanelbread.co
20代のシェフが作る、素材を大事にしたパン屋。国産小麦を先入観なく操り、軽さとフレーバーを同居させた新感覚のパン。

＊10 ゴントラン シェリエ
東京都渋谷区渋谷1-14-11
BCサロン1F
03-6418-9581
7:30〜21:00 不定休
gontran-cherrier.jp
フランスではテレビにも出演する人気パン職人のゴントラン・シェリエ氏のお店。スパイスなど食材の使い方や優雅なパンの見た目にフランス人のセンスを感じる。

メロンパンはジェラートにうってつけ？　シンチェリータ中井洋輔さんと共に

中井＝N
池田＝I

「ジェラートってけっこうどんなパンでも合うんですよね。特にブリオッシュは種類を選ばないですよ」

と、中井さんはいった。私もそんなイメージがあって楽観していた。合わせにくい個性派ばかりをあえて選び、メロンパンにそれらをはさんでもらって、中井さんと一緒に食べていった。メロンパンは、ゴントラン シェリエのものを使用。クロワッサン生地のバターー感も、バニラも濃厚なタイプだ。

×**メルノワ（はちみつ・くるみ）**

I　はちみつ合う！　メロンパンのバニラの香りにぴったり。

N　フランスの森で採れたはちみつを使っています。くるみを合わせたのは森つながり。黒くて濃厚なはちみつなのでミルクに負けない。

I　だからバニラにも負けなかったんですね。

×**ミントミルク**

I　このミント、自然な香りですごくおいしい！

N　ただ、ミスマッチ感はあります。

I　さわやかにいきたいところで、メロンパンのリッチさが押しとどめちゃう感じですね。

×**カカオ**

I　このチョコレートすごく濃厚！

N　カカオが強すぎてメロンパンらしさを隠してますね。これは、カカオの素材感を出したいと思って、原種を育てているイタリアのチョコレートブランド、ドモーリを使っているんです。

×**プラム**

I　うわー！　プラムの酸味がずばーっときて、そのあとメロンパンの甘さがさわやかにする！

N　果物はメロンパンに合いますね。プラムをミキサーにかけて液体化したものをジェラートに。ミルクは入れていません。

I メロンパンに出合って、初めてミルクと混ざり合うのがいいんでしょうね。

×パッションマンゴー

I マンゴーの香りが強烈ですね！

N メロンパンに対しては、これぐらい強くてもいいんですね。

×ピスタチオ

I このピスタチオは本当に木の実の香りがします。

N 浅くローストしてからジェラートにしてます。

I 感動しました。メロンパンとの相性はまた別ですが……。

おいしいメロンパンとおいしいジェラート。一緒にスイングしてくれたのは、フルーツ系とはちみつだった。両方のよさが同時に感じられない組み合わせもあり、そういうときは、もったいないような、申し訳ないような気持ちになった。

ジェラテリア シンチェリータ
東京都杉並区阿佐谷北1-43-7
03-5364-9430
11:00 ～ 21:00 無休
www.sincerita.jp
イタリアの街角にあるようなジェラテリアをイメージして中井洋輔さんが立ち上げる。農家から直接果物を仕入れ、旬のフレーバー、素材そのものの風味を表現。

ゴントラン シェリエ
51ページ参照

なので、皮が多いタイプは私の中では進化形。ヤマザキの皮だけメロンパンはまさに究極だと思っていたのですが、実際に食べてみて、パンのパフ感も必要なんだなあと感じました。

I　僕がメロンパン愛好家と認めている人が「皮の薄さは大事で、パンのパフ感も好きなので、割合を変えるよりは、それぞれの質を上げてほしい」といってました。

Y　なるほど！　メロンパンのクッキー部分の甘さと中の淡白さのバランスが実はメロンパンのよさであるってことですよね。「メロンパンはアンバランスだ」といっている私は、真のメロンパン愛好家とはいえませんね（笑）。

I　これからなってください（笑）！　カリカリとふわふわというふたつの食感を混在させつつ、クッキーの甘さをパンによってエアリーに押し広げていく。それがメロンパンの魅力だと思います。そんなメロンパンを生んだ日本は、パンのガラパゴスなんだと思っています。

Y　それは日本が珍しいパンの宝庫って意味でしょうか？

I　日本人の食に関する創作意欲はものすごいものがあります。かつての日本ではパン屋はお菓子屋を兼ねていました。パン生地とお菓子の生地が同じ厨房に混在していたので、両方を重ねるハイブリッドスイーツが次々と誕生したのだと思います。たくさんのパンが淘汰されていく中、日本人に支持されたメロンパンやいくつかのパンが生き残ったのだと。カステラ生地と重ねた高知の帽子パン（27ページ）などがその例です。そういう意味で、日本は欧米と違う、独自の展開をしたパンのガラパゴスだと思っています。

Y　なるほど、そういう意味なんですね。

I　あと、メロンパンにひとつ弱点があるとしたら、パンがどうしてもパサつきがちになることですね。ふたつの生地が同居するパンゆえの悩みです。クッキーはかたく、パンはやわらかく作らないといけないのに、クッキーの乾きにパンが寄ってしまう。

Y　確かにそうなりがちですね。

I　昔、あんぱんやメロンパンがパン屋の主力商品だった時代に育ったベテランの職人さんの方が、クッキーはカリカリ、パンはふわふわ、という仕事ができていますね。熟練の技だと思います。前述したプーフレカンテのメロンパンがそうです。あるいは、世田谷に最近復活した往年の名店**ナイーフ**[*11]はハード系のイメージがありますが、メロンパンも意外とおいしいんです。

Y　どちらも技あり！　のメロンパンなんですね。

I　いままでの話に出てきたようないろんなメロンパンを集めて、進化形として表現してみます。ただ、パンはときが進めば進むほど進化していくものではなく、昔から様々な試行錯誤があり、また失われた技も多いのだということも、頭に入れておきたいなと僕は思ってます。

Y　そうですね。素敵な心がけだと思います。

▼メロンパンの進化形　↓56ページ

＊11　ラ・ブランジェ・ナイーフ
東京都世田谷区若林3-33-16
第一愛和ビル1F
03-6320-9870
10:00〜18:00
火曜・水曜休み（臨時休業あり）
ameblo.jp/madame-naif
代官山にあった伝説の名店が世田谷に帰ってきた。ドミニク・セブロンのシェフなどを歴任してパワーアップした谷上正幸シェフ。国産小麦を使用するなど、先端の流れもキャッチアップしている。

メロンパンの進化形

パン工房ウッキー
21世紀のメロンパン
クロワッサンとメロンパンのハイブリッド。
愛媛県松山市山越4-2-5
089-926-8181
6:30〜19:00 火曜休み
www.geocities.jp/wucky_pan/

パン・メゾン
塩メロンパン
塩パンの元祖による、塩パンとメロンパンの合体。
愛媛県伊予郡松前町
大字中川原字新田406-1
089-989-6387
6:30〜19:00 火曜休み
www.painmaison.jp

雨の日も風の日も
お抹茶メロン
宇治抹茶を使用し、苦味もきかせて。
京都府京都市北区紫野東野町6
075-432-7352
8:00〜19:00 火曜休み
www.ame-kaze.com

boulangerie coron 本店
メロンパン
オレンジピール、レモンピール入り。
北海道札幌市中央区
北2条東3-2-4 prod.23 1F
011-221-5566
9:00〜18:30 無休
www.coron-pan.com/

Boulangerie14区
メロンパン
発酵バターを使ったリッチな生地、バニラビーンズ使用。
神奈川県横浜市港北区菊名1-4-2
045-642-6858
10:00〜20:00
木曜・水曜不定休

nico
メロンパン
牛乳で仕込んだ白いクッキー生地。
神奈川県平塚市宮松町7-2
落合ビル1F
0463-86-6900
8:00〜19:00 月曜・火曜休み

トラスパレンテ
紅茶とキャラメルのメロンパン
ビス生地にアールグレイ、パンにキャラメル。
東京都目黒区鷹番3-8-11
ベルドミール・レナ1F
03-6303-1668
9:00〜19:00 火曜休み
trasparente.info/

デ トゥット パンデュース
五穀米のメロンパン
ビス生地の五穀米と砂糖の粒がカリカリ。
大阪府大阪市北区梅田3-1-1
エキマルシェ大阪内
06-4797-7770
7:30〜22:00 エキマルシェの休館日に準ずる
www.painduce.com/

ジャムパン

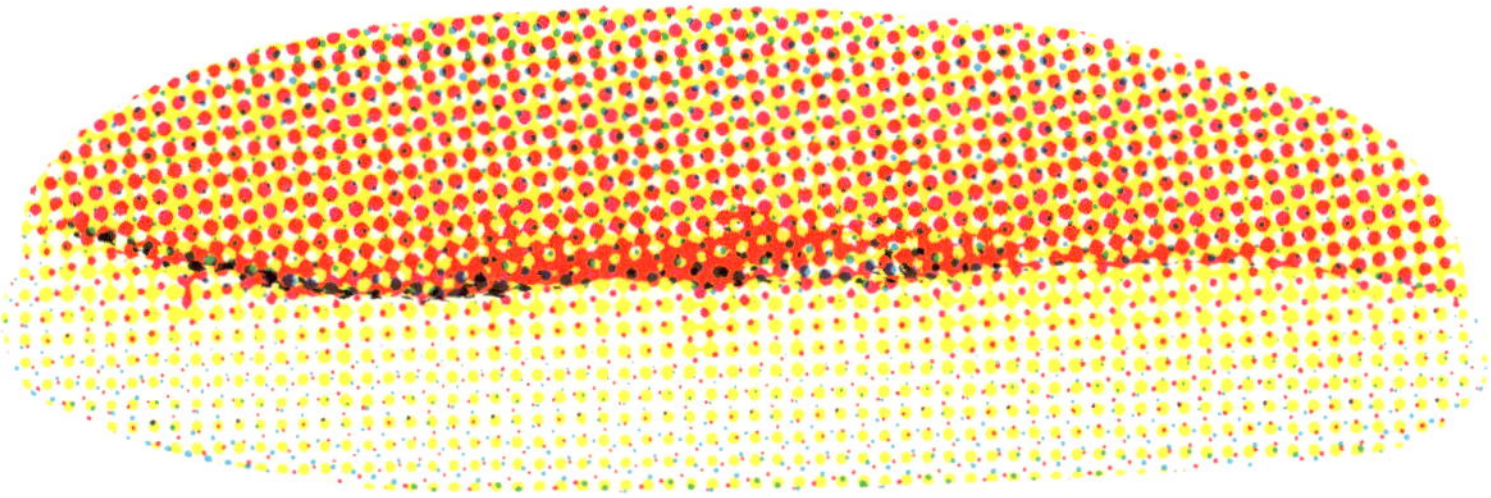

理想のジャムパンについて語る

I　ジャムとパンの組み合わせといえば、ジャムパンですよね。あんぱん、クリームパン、メロンパン、ジャムパンって、日本の菓子パン四天王だと思いませんか？

Y　確かにそうですね。

I　でも、いまのパン屋ではジャムパンというのは、なかなか売ってないんです。他の四天王と比べて風前の灯火ですね。

Y　そうなんですね。その昔、ジャムのことを「ジャミ」といっていたと何かで読んだことがあります。「ジャミパン」ってかわいい響きだなあって思って。

I　いま、甘過ぎるものって敬遠されますよね。ジャムパンを噛むと中からドロッとジャムが出てくる。あの瞬間のひんやり感って、ジャムそのものの温度が低いというのもあると思うんですけど、甘過ぎるものを食べた背徳感で、背筋がゾクゾクッとしてるんだと。僕にはそれがいいんですけど。

Y　池田さんの好きなジャムパンって？

I　僕は、**みんなのぱんや**[*1]の**ジャムパン**（61ページ写真）が好きです。**VIRON**[*2]というバゲットで有名な店の自家製いちごジャムがサンドされていて、それがすごくおいしい。そこで売られている「みんなの牛乳」という、河原に生えてる自然な草を食べて育った牛の乳から作ったのと一緒に食べるとさらにおいしいですよ。

Y　ジャムパンと牛乳ってすごく合いそう。ジャムがいちごだったら、口の中でいちごミルクができますね（笑）。ジャムパンには乳製品の存在が必要不可欠だと思います。日本古来のジャムパンは菓子パン生地で作られますが、私はもっと乳製品っぽさを感じたいです。例えば、バターを一緒に塗るとか。

I　バターや卵たっぷりのブリオッシュにジャムをつけて食べることぐらい、ドキドキすることはありません。ちぎりとった一片にジャムがぷりんとのって半透明に輝いているところ、あれに惚れてしまうんです。

Y　それは、惚れてしまいますね（笑）。

I　**レフェクトワール**[*3]の**ブリオッシュ食パン**（61ページ写真）

を買うとき、翌日の朝食でジャムをつけることが想像されて、もうそれだけでドキドキしてしまいます。**パレスホテル東京**[*4]のコーンブレッド（168ページ）、これにジャムをのせるのもすごく好きです。粒だって溶けていくコーンの甘さとジャム。これがまたゾクゾクするんですよ。

Y　ジャムパンを語るときの池田さんって、女子ですね（笑）。私の理想のジャムパンは、ハード系のパンに、果実味の濃いジャムと、コクがあるけど風味がさわやかなクリームっぽいバターが同量サンドされているものでしょうか。

I　それに近いジャムパンありますよ。調布のパン屋**AOSAN**[*5]の**ジャムサンド**（61ページ写真）なんですが、ハード系のパンにオーガニックの山ぶどうのジャムとバターがはさんであります。そのバターの塗り方が、すごく大雑把でバターの粒々が残っている感じ。その粒々にときどきぶつかると、びっくりするぐらいおいしいんです。

Y　おいしそう。ジャムが山ぶどうってところが、実に食いしん坊の心を刺激しますね。他には？

I　**ボネダンヌ**[*6]というフランスのパン屋さんをリアルに再現しているお店があり、そこの**木いちごのタルティーヌ**（61ページ写真）もおいしいです。小麦の穀物感が残ったフランス的なバゲットを縦に割って、注文してからバターと自家製の木いちごジャムを塗ってくれる。

＊1　みんなのぱんや
東京都千代田区丸の内2-7-3
東京ビルTOKIA B1F
03-5293-7528
11:00～19:00　不定休
あんぱん、ジャムパン、焼きそばパンなど、昔ながらのパンを再現。

＊2　VIRON
東京都千代田区丸の内2-7-3
東京ビルTOKIA 1F
03-5220-7288
10:00～21:00　不定休
パリで探した一番おいしいバゲットを、フランス産小麦を輸入して再現。渋谷店もある。

＊3　レフェクトワール
東京都渋谷区神宮前6-25-10
タケオキクチビル3F
03-3797-3722
8:30～20:00（イートインはLO19:00）
無休
lepetitmec.com
ル・プチメックによるサンドイッチ食堂。ア・ラ・ミニッツ（でき立て）でおいしい瞬間を提供。

＊4　パレスホテル東京
スイーツ＆デリ
東京都千代田区丸の内1-1-1
パレスホテル東京B1F
03-3211-5315
10:00～20:00　無休
www.palacehoteltokyo.com
1961年のパレスホテル開業当初より、アメリカ人宿泊客の要望に応えるために始めたコーンブレッドのレシピをいまも受け継ぐ。

＊5　AOSAN
東京都調布市仙川町1-3-5
03-5313-0787
12:00～18:00（売り切れ次第終了）
日曜・月曜休み
公園の前のパン屋さんは子供を連れたお母さんで大にぎわい。中でも食パンは、それを待つ人で朝から長蛇の列。発酵種の熟成香、パン酵母を使うパンの食べやすさ両方を活かして作る。

Y　何て贅沢な。

I　あっ、でも僕はジャムパンには、昭和のケバケバしい味のジャムが出てきてほしいです。

Y　給食のときに出てきた、いちごの絵の小袋ジャムが思い出されますね。

I　**藤乃木**[*7]というレトロな店のジャムパンがそんな感じなんです。**モロズミジャム**[*8]という恵比寿にあるメーカーのを使っています。

ジャムとコンフィチュールの違いって？

Y　ところで、ジャムとコンフィチュールの違いってご存知ですか？　前者は英語、後者はフランス語、どちらも「果物と砂糖を煮詰めたもの」を指す言葉ですが、実は、作るプロセスにちょっとした違いがあります。

I　ジャムのおしゃれバージョンがコンフィチュールだって思ってました！

Y　ジャムは火が通りやすいように果物をつぶしたり漉したりしてから、砂糖と一緒に煮ます。コンフィチュールは果物に砂糖をまぶしてしばらく置きます。水分が出て果物のスープのような状態になったものを一気に煮詰めるのです。フランスのコンフィチュールの作り方って、砂糖で果物の味や香りを包み込んで封じる、そんなイメージなんですよね。

I　渋滞のことを「トラフィックジャム」というみたいに、jam には「押しつぶす」というニュアンスがありますよね。一方、フランス語の confire（コンフィール）は「漬ける」という意味みたいです。砂糖漬けは「コンフィ」ですし、フランス料理でも肉などを脂に漬けることを「コンフィ」っていいますよね。

Y　そうですね。砂糖と脂、手段は違えど、長期保存できるように漬け込んだものですから、confiture（コンフィチュール）、confit（コンフィ）もしくは confite（コンフィット）って、呼ばれているようです。その昔、フランスの田舎では庭に果物の木を植え、そこから採れる果物でコンフィチュールを作るのがご婦人の仕事でした。それを瓶に詰めてカーブ（地下倉庫）に保存し、1年かけて食すんです。日本のお漬物みたいに。

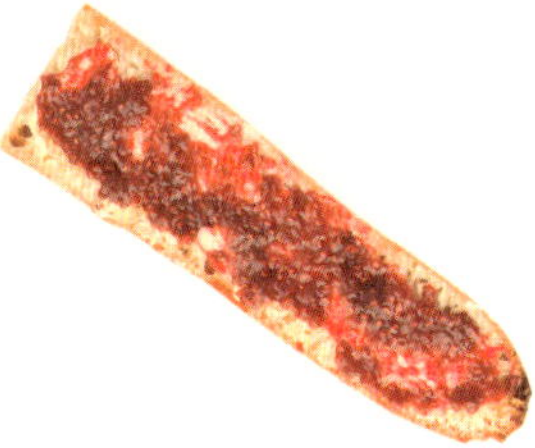

ボネダンヌ
木いちごのタルティーヌ
59ページ

ル・プチメック
ベニエ
66ページ

みんなのぱんや
ジャムパン
58ページ

レフェクトワール
ブリオッシュ食パン
58ページ

AOSAN
ジャムサンド
59ページ

フランスのジャムを使ったパンとお菓子

タルティーヌ
66ページ

ベニエ
66ページ

リュネット
66ページ

I　ゆりこさんは、コンフィチュールを作ったことありますよね？

Y　田舎に住むフランス人のおばあちゃんと一緒に作らせてもらったのが一番貴重な経験です。80歳というご高齢にもかかわらず、彼女のカーブにはいろんな種類が並んでいました。大きなアルミの平鍋や瓶に移すための専用じょうごといった、コンフィチュールを作るための道具もちゃんと揃っていて……。フランスの日常の中で、淡々と営まれてきた食文化に触れさせてもらっている、そんな感じでした。

I　こうなったら同じ果物でジャムとコンフィチュールを作ってみたいですね。味にどれくらい違いがでるか興味深いです。

Y　作ってみましょう。

▼実験1──**同じ果物でジャムとコンフィチュールを作る**　↓64ページ

ジャムやコンフィチュールに見るお国柄

Y　フランスのコンフィチュールは、基本、果物と砂糖が同量なんです。でも、日本のジャムって全般的に砂糖も控えめですよね。

I　**オーボンヴュータン**[*9]の河田さんのコンフィチュールのレシピを見たら、とんでもない量の砂糖が入っていた。これだけ砂糖が入ると果物の味がしないんじゃないかと素人考えで思ったんです。実際に食べてみたら、果物の味がものすごく濃くて。砂糖がたくさん入っているから、果物の甘さが引き出されるんですね。

Y　さすが河田さんですね。フランスのエスプリをきちんと理解し、再現していらっしゃる。一般的な日本の果物は生食用として品種改良されているので、調理には向かないと思います。生でいただくと甘くてみずみずしいけど、火を入れたとたん、果物の香りや旨味が水分と一緒に外に出て消えてしまうんです。日本の果物の場合、逆に甘さを控えた方が、香りや味がキープできるのかもしれません。

I　福岡のブルージャム[*10]というパン屋は、地元九州産の果物で、あえて水分を残した作り方でジャムを作っています。僕が食べたのは甘夏だったんですが、果実の甘さや酸味や苦味が薄《うっす》らと香りとしてあって、それらが微妙に交錯するんですよ。谷崎潤一郎の『陰翳礼讃』の世界みたいに。

Y　私もいただいたことがあります。ジャムだけでパクパク食べられるくらい、すっきりと口当たりのよいジャムでした。日本らしいジャムのあり方かもしれませんね。

I　日本ではジャムパンの中に入っているジャムは必ずいちごですよね。日本ではいちごジャムが一番ポピュラーだと思うんですが、フランスはどうですか？

Y　フランスは赤ならフランボワーズ（ラズベリー）、黄色ならアプリコットです。クレープのフィリングのコンフイチュールはこの2種から選びます。イギリスは赤ならいちご、黄色ならオレンジのママレードかレモンカード[*11]かな。ジンジャージャムなんていうのもイギリスっぽいジャムです。寒い北欧には、珍しい種類のベリージャムがありますし、南欧には、カリンやグリーントマトのジャムなんかがあります。ジャムは欧米共通の保存食なので、それぞれお国柄があっておもしろいんですよ。

＊6　ボネダンヌ
東京都世田谷区三宿1-28-1
03-6805-5848
8:00～19:00　月曜・火曜休み
パリに渡ってパティスリー、ブーランジュリーで修練を積んだシェフの作るフランス的なパン。

＊7　藤乃木製パン店
東京都練馬区富士見台2-19-19
03-3998-4084
9:00～20:00
火曜・第1、3月曜休み
創業して50年以上。オーブンは昭和40年代のもの。昔ながらの作り方をいまだに守る天然記念物的なパン屋。

＊8　モロズミジャム
パッケージも味も昔懐しいジャム。業務用として多く使われる。

＊9　オーボンヴュータン
東京都世田谷区等々力2-1-3
03-3703-8428
9:00～18:00　火曜・水曜休み
aubonvieuxtemps.jp
フランス伝統菓子の巨匠・河田勝彦シェフが、ケーキ、焼き菓子、コンフィズリー、トレトゥール(惣菜)まで幅広く展開。

＊10　ブルージャム
福岡県福岡市早良区田村3-1-41
092-861-5888
9:00～19:00　無休
www.bluejam-fukuoka.com
365日の杉窪章匡氏プロデュース店。小麦ミナミノカオリ使用、九州産の果物で自家製ジャムを作るなど地産地消を重視する。

＊11　レモンカード
レモンを使った甘酸っぱいスプレッド。通常のジャムとは異なり、レモンや砂糖の他に、バターや卵も入るのが特徴。

同じ果物でジャムとコンフィチュールを作る

ジャム

材料／作りやすい分量

いちご――1パック（約300g）
砂糖――計量後のいちごと同量
レモン汁――大さじ1

ジャムは思いたったら、すぐに作れるのがいい。つぶれた実のトロトロ感が舌に心地よく、果汁と果肉に一体感がある。ごく食べ慣れた味。

作り方

1 いちごはへたをとって洗い、水を切って重さを量る。
2 いちごと同量の砂糖を量る。
3 鍋にいちごを入れ、フォークでつぶす。

4 3に砂糖とレモン汁を加え、よく混ぜる。
5 鍋を強火にかけて15分、木べらで絶えずかき混ぜながら砂糖を溶かす。表面に浮いてくるアクはとり除く。
6 砂糖が溶けたら火をやや弱め（強火と中火の間ぐらい）、さらに15分かき混ぜ続ける。
7 火からおろし、煮沸消毒して乾かしておいた瓶に入れ、蓋をしっかりと閉める。
＊ 甘さ控えめが好みなら、砂糖の量を30％ほど減らす。

コンフィチュール

材料／作りやすい分量

いちご——1パック（約300g）
砂糖——計量後のいちごと同量
レモン汁——大さじ1
バター——5g

コンフィチュールは時間はかかるが、果実の食感とシロップがそれぞれに味わえるコントラストが魅力。シロップの部分はいちごの香りが強く感じられ、全体的に洗練されたものに仕上がっている。

作り方

1 いちごはへたをとって洗い、水を切って重さを量る。

2 いちごと同量の砂糖を量る。

3 鍋にいちごと砂糖、レモン汁を入れ、いちごに砂糖とレモン汁をまぶすようにして、木べらで全体を混ぜる。

4 常温でひと晩放置して、いちごの水分を出す。

5 鍋を強めの中火にかけ、木べらで絶えずかき混ぜる。沸騰して細かい泡が出始めたらバターを加え、表面に浮いてくるアクをとり除く。

6 完全に沸騰し、ボコボコと大きな泡が出始めたら、7～8分かき混ぜ続ける。

7 火を止め、実をつぶさないように注意しながら、さらに5分かき混ぜ続ける。

8 煮沸消毒して乾かしておいた瓶に入れ、蓋をしっかりと閉める。

＊ 甘さ控え目が好みなら、砂糖の量を30％ほど減らす。（Y）

フランスに学ぶコンフィチュールの可能性

I　**ル・プチメック**[*12]のオーナー西山さんと、フランス映画に出てくるパンを再現する**「空想ブーランジュリー」**[*13]というイベントをしたことがあるんです。「気狂いピエロ」というフランス映画で、死体の横で朝食を食べるシーンがあるのですが。ベッドの上のジャン＝ポール・ベルモントにアンナ・カリーナが朝食をのせたトレイを運んでくる。その朝食が、タルティーヌにコンフィチュールとカフェオレなんですよ。

Y　**タルティーヌ**（61ページ写真）はフランス語で「パン（バゲットやカンパーニュなど）の上に何かを塗ったりのせたりしたもの」という意味です。一番シンプルなのがバターを塗っただけ。これにコンフィチュールをのせたりのせなかったりにコーヒーが、フランス人の典型的な朝食になります。バターのタルティーヌって、カフェのメニューにはのってないことが多いのですが、どんな場末のカフェで食べてもしみじみおいしい、隠れプチグルメです。

I　フランスにはコンフィチュールを使ったパンってありますか？

Y　**ベニエ**（61ページ写真）という、つるんとしたあんドーナツみたいな風貌で、中にフランボワーズ（ラズベリー）のコンフィチュールやりんごのピュレ（127ページ）が入った揚げドーナツがあります。

I　ル・プチメックで**ベニエ**（61ページ写真）を食べたことがあります。油で揚げたパンとジャムという、日本のジャムパンとはまた別アプローチの背徳感がたまらなかったです。

Y　フランスには、**リュネット**（眼鏡の意、61ページ写真）というサブレ2枚でフランボワーズのコンフィチュールをはさんだお菓子もあります。

I　かわいいお菓子ですねー！

Y　お菓子といえば、フランスのスーパーマーケットで買える箱菓子には、コンフィチュールを使ったものがたくさんあります。ウエハースのような軽い生地から、マリービスケットのようなかための生地、クッキーのようなバターリッチな生地、スポンジ生地など……、いろんな生地とコンフィチュールを組み合わせてあるのです。

I　すごいバリエーションですね。日本のジャムパンってあんぱんと同じ銀座木村家（11ページ）が発祥なんです。ジャムパンを考えたのは3代目の儀四郎さん。当時はパン屋だけでなくビスケット工場も一緒にやっていて、ビスケット生地にジャムをはさんで焼く工程を見ているうちに、パンにはさむことを思いついたのだそうです。日本のジャムパンもルーツはジャムをはさんだビスケットなんですよ！

Y　そうなんですね。木村家さんのお話を聞いて、ムクムクと実験欲が湧いてきました。日本で手に入る国産、輸入品のビスケットやクッキーをいろいろ買い集めて、ジャムをはさんで食べてみる実験です。どの組み合わせがおいしいか、ジャムの新しい食べ方を探求しましょう。

▼実験2―**ジャムの新しい食べ方を探求する**　↓68ページ
▼Column 2―**ジャムパンをひいきする　発祥の店・銀座木村家を訪ねる**　↓70ページ

＊12　ル・プチメック
東京都新宿区新宿3-30-13
新宿マルイ本館1F
03-5269-4831
11:00～21:00（日祝～20:30）
新宿マルイ本館休館日に準ずる
lepetitmec.com
フランスを表現したかわいい店舗にバゲット、クロワッサン、ビストロのひと皿のようなサンドイッチが並ぶ。

＊13　空想ブーランジュリー
ル・プチメックのオーナー西山逸成さん、池田が愛するヌーベルバーグ映画に出てくるパンを再現。本文中の朝食の場面は、死体の横で食べるシュールなもの。西山さんは梱包材にシャツを着せ死体も再現した。

実験2

ジャムの新しい食べ方を探求する

スーパーマーケットや食料品店で手に入る国産・輸入品のビスケット、クラッカー、クッキーなどに、ジャムをつけて食べてみる。様々なタイプで試した結果、チーズにも合わせられるシンプルなタイプ、塩味がきいたもの、バターリッチなもの、グラハムビスケットのような全粒粉を使ったものがジャムには合うという結果になった。（Y）

ジャムに合うのは上の5種類。

1 塩の粒がきいていてパイに近い食感の「リッツクラッカー」
2 乾パンのような素朴な味わいと塩加減がほどよい前田製菓「前田のランチクラッカー クラックス」
3 全粒粉を使った小麦の深い味わいが病みつきになるイギリスのマクビティ「ダイジェスティブ オリジナル」
4 26％ものバターが練り込まれたサクサク感がたまらないベルギーのジュールス・デストルーパー「バターワッフル」
5 森永「マリービスケット」に似ているが、よりバター感の強いフランスのフォシエ「シャルルⅦ サブレ」

REIMS
McVITIE'S
THE ORIGINAL

Column 2

ジャムパンをひいきする　発祥の店・銀座木村家を訪ねる

銀座木村家の7階にある**厨房**[1]に入れてもらった。木村家だけれど、今日はあんぱんではなくジャムパンの取材である。最近、ジャムパンをあまり見ない。国民的おやつとなったあんぱんに比べて、みんなに愛されているのか心配である。明治33年（1900年）にジャムパンを生み出した、元祖・木村家でジャムパンのすごいところを見つけたい。

成形の様子を見学させてもらう。クリームパンに似た半円形だが、作り方は少し違う。まず、グローブ型の所以である2本の切り込みがない。円形にのばした生地にたっぷりのジャムを包み込む。作業台に置き、両方の手のひらで円周を指で押さえてぎゅっぎゅっと丁寧に閉じる。

「ジャムは沸騰するから、ちょっとでも開いてると焼いてる間に出てきちゃうんです」と、現場の責任者である水谷健司さんはいう。クリームパンのように切り込みを入れないのもそのせいだ。ちなみに、そのあと見たクリームパンの成形では、閉じ方はしっかりではなく、ジャムパンよりアバウトな感じで行われていく。ジャムはやっぱり大変なのだ、と何だか少し誇らしい気持ちになった。

さて、オーブンから、**ピカピカと光り輝く焼き立てのジャムパンが出てきた**[2]。試食させてもらう。甘酒に似た発酵フレーバーが激しく沸き上がる。発酵の香りは酒種の力でおいしさに変わっている。生地はフニャリと溶け、それがジャムの朱に染まっていく。中心部を噛むと、ジャムの塊がドロリと舌に落ち、甘さが頂点に達し、ひやりとした感じが背筋を走っていく。「包餡《ほうあん》」が生み出すジャムパンの快楽。

生地にはあんぱん同様、酒種を用いている。パン酵母（イースト）より時間がかかり、およそ30時間も発酵させるという。気温と湿度の影響も受けやすく、毎日微妙に生地の状態は変わる。先ほどの成形ではそんな変化も感じながら、力加減も変えて、同じ生地へと導いていたのだ。工場のラインで作る大手メーカーに真似できない味。

木村家のジャムパンはいちごジャムではなく、あんずである。明治33年当時、いちごは大変な貴重品だったため、あんずジャムを入れることになった。年間を通じて供給できるよう、ドライあんずを戻して使う。あんずにしては暗い飴色をしていて、味わいもいちごに追いつくような濃厚さがある。これも木村家自家製だ。

さて、明治33年にジャムパンが木村家で生まれたのは、どういう理由だったのか。当時、木村家では、軍事食糧としてビスケットの生産に関わっていて、あんずジャムをはさんだものを陸軍に卸していたことから、3代目の儀四郎がパンに詰めることを思いついた。

「陸軍といえば、日本の兵隊はドイツに視察に行っていたでしょう。ひょっとしたら、そこで食べたアプリコットジャム入りのクラプフェン（揚げパンの一種）のことを、兵隊さんから聞いてヒントを得たのかもしれません」と水谷さん。

あくまで可能性の話である。でも、純和風だと思っていたジャムパンも、「中からドロリ」の精神においては、洋の東西を越えて通底していたのだ。明治33年当時はモダンな食べ物だっただろうと想像し、また私の中でジャムパンが株を上げた。（I）

1

ジャムパンの成形の流れ

計量

→

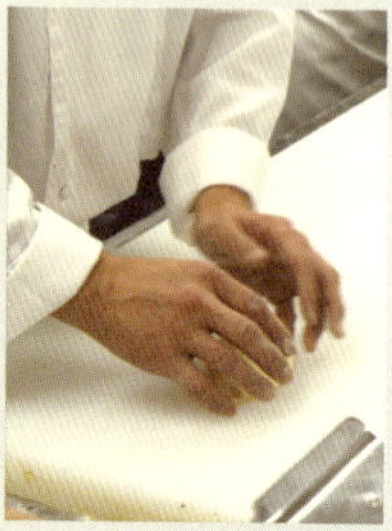
包餡

→

成形完了

2

銀座木村家　11ページ参照

チョココロネ

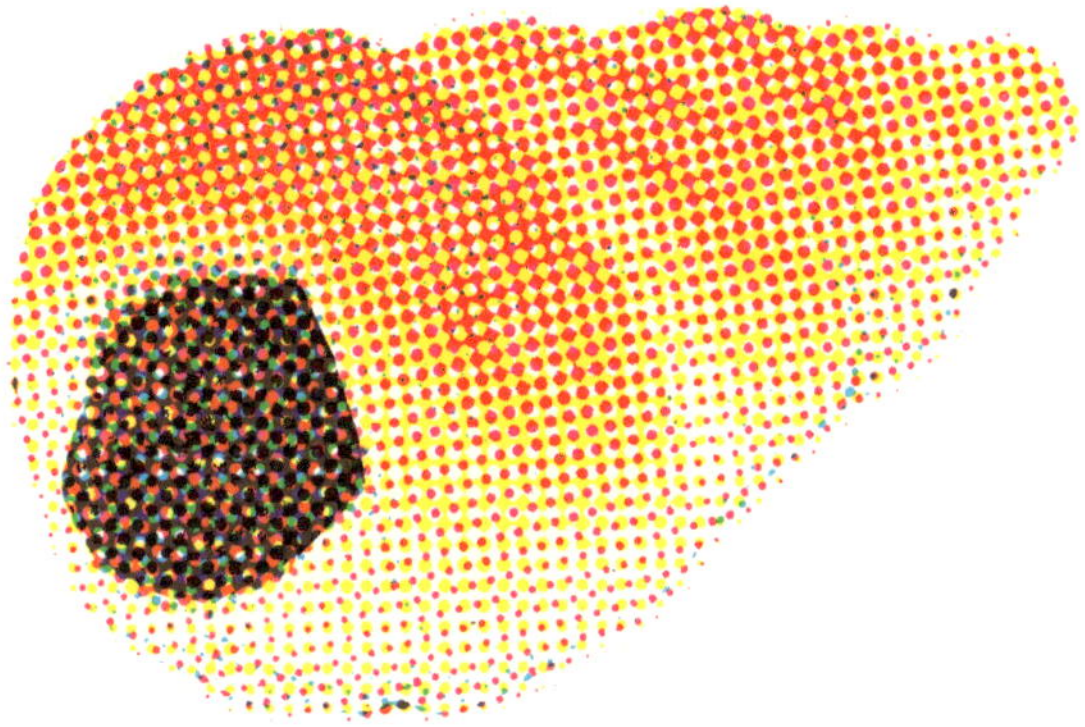

チョココロネの形はどこから来た?

I チョココロネは形がおもしろい!

Y あのひょうひょうとした形、癒されますよね。

I とんがった芯みたいなのに生地を巻きつけてますよね? あの芯を見たときに、すごくいいなと思いました。あれのためだけに道具があるということが。

Y 専門用語では「**コルネ型**[*1]」といいます。パン生地を、先を少し太めに細く長く成形して、コルネ型にクルクルと巻きつけていくんです。

I ああいう手法ってお菓子の世界から来てるんですか?

Y イタリア菓子に似たものがあったような……。

I そうそうイタリア菓子。パイ生地にクリームを入れた、**カンノーロ**[*2]というお菓子を**パーラー江古田**[*3](77ページ写真)で食べたことがあります。

Y カンノーロだったらクリームは**リコッタチーズ**[*4]ベースです。

I コロネという名前もいいですよね。

Y イタリア語の角や角笛を意味するcorno(コルノ)から来ているという説があります。フランス語も似ていて角や角笛はcorne(コルヌ)。で、チョココロネを作る芯の名前にもなっているcornet(コルネ)は、フランス語で「円錐型のもの」という意味です。アイスクリームのコーンのこともフランス語では「コルネ」っていうんですよ。

I イタリア語もフランス語も「角」が、元になっているんですね。

Y イタリアでは、フランスとはレシピが少し違いますが、クロワッサンみたいな形のパンのことを**コルネッティ**[*5]っていいます。イタリアでは三日月ではなく、あの形は「角」なんです。中にカスタードとかチョコレートクリームなんかが入っています。

I そうなんですね。

Y スペインには、呼び名がいくつかありますがcaracola de chocolate(カラコーラ・デ・チョコラテ)というチョココロネにそっくりのパンがあります。チョココロネって、起源をたどると陽気なラテン系なのかもしれません。

チョココロネはなくなりつつある？

Y　ところで、いまのパン屋さんにチョココロネって売ってます？　私たちが子供の頃は当たり前のように売っていて、メロンパンと同じくらい人気でしたよ。

I　売っている店がどんどん減っている気がしますね。コルネ型を持ってないパン屋さんが多いんじゃないでしょうか。

　チョココロネといえば、どっち側から食べる論争！　ゆりこさんはどっち派ですか？

Y　私は小さい方をちぎって、大きい方のチョコレートクリームにつけながら食べます。でも家で食べるなら、大きい方から食べて、残ったパンは違うもの、ピーナツバターとかをつけて食べたり……。あと、大きい方のチョコレートを舌で押して、端まで満たしながら食べたりもします。コーンに入ったアイスクリームを食べるときにも使うテクニックです（笑）。

I　舌で押すという荒技！　全然、思いつきませんでした。

Y　パンだけの部分が残ると寂しいので。

I　寂しいですよね。でも、そこを耐え忍ぶことがパンを食べることです。パンというのは、あんぱんもクリームパ

＊1　コルネ型

＊2　カンノーロ

＊3　パーラー江古田
東京都練馬区栄町41-7
03-6324-7127
8:30～18:00　火曜休み
parlour.exblog.jp
店主・原田浩次さんの選んだワイン、作り手から直接とり寄せた素材を活かしたサンドイッチ、チーズやエスプレッソを自由に楽しめるカフェ。

＊4　リコッタチーズ
「再加熱した」という意味のイタリアのフレッシュチーズ。その名前の通り、チーズ製造工程で出たホエー（乳清）を再び煮詰めて作る。乳脂肪分が低く淡泊なので、イタリアでは、ラビオリや野菜の詰め物や様々なスイーツの材料として広く使われている。

＊5　コルネッティ

ンにしても、パンだけのところが不可避的に出てきてしまいますよね。パンだけを食べる時間があるというのが、「パンのわびさび」かなと。

Y　パン道は奥深いですね。鉄人級のチョココロネの食べ方ってご存じですか？　チョコクリームが入っていない辺りからパンをちぎって、その部分で大きい方に蓋をするんです。そして、ちぎった方から食べていくという。やったことないんですけど、よく考えられた食べ方だなあって。

パン・オ・ショコラ最強説

Y　昔はチョコレートのパンといえばチョココロネだったと思うのですが、いまはいろんなチョコレートパンが出現しているのではないでしょうか。池田さんがいままで食べたおいしいチョコレートパンを教えていただけますか？

I　パン・オ・ショコラ最強説。パリに住んでいたときは、パン・オ・ショコラを買わないとパン屋の前を通れなかったほど、はまっていたこともあります。フランスってチョコレートがめちゃめちゃうまいじゃないですか。

Y　中に入ってるスティック状のチョコレートがビターでおいしいですよね。

I　フランス人がカフェで飲むコーヒーってエスプレッソですよね。何かにつけてカフェに入ってはエスプレッソを飲む。チョコレートの濃厚なパン・オ・ショコラって、甘い物を食べたいとき、エスプレッソと一緒に食べるのにうってつけですよ。

Y　フランス人はエスプレッソにも砂糖入れますけどね（笑）。私はフランス人のおやつの時間を支えているのは、パン・オ・ショコラだと思っています。ケーキやタルトって3ユーロ以上するから毎日食べるにはちょっと高いんです。だから1～2ユーロで買えるパン・オ・ショコラをおやつに食べてる人、すごく多いんですよ。

いま、日本でフランスみたいにおいしいパン・オ・ショコラが食べられるお店ってありますか？

I　アークヒルズ内にあるANAインターコンチネンタルホテル東京の**ピエール・ガニェール パン・エ・ガトー**[*6]はおいしいですね。あと、ル・プチメック（67ページ）のパン・オ・ショコラ。

パーラー江古田
カンノーロ
74ページ

Backstube ZOPF
いちじくとチョコのミルフィーユ
79ページ

パリアッシュ
パン・オ・ショコラ
78ページ

cimai
ライ麦チョコ
82ページ

ブーランジェリースドウ
パン・オ・ショコラ
78ページ

Y　ピエール・ガニェールはパンも作っているんですね。

I　ル・プチメックのパン・オ・ショコラを語るときに僕がよくいうのが、「新宿の駅前でがく然として崩れ落ちる」っていう。パン・オ・ショコラを買って我慢できなくて2〜3口食べた辺りが、新宿駅の東口ぐらいまで来てるんです。あんまりおいしくて、新宿駅に着く頃には、そのおいしさにがく然として崩れ落ちるんですよ。

Y　すごい比喩ですね（笑）。ル・プチメックはバゲットもおいしいですものね。

I　おいしいパン・オ・ショコラを食べると、意識が遠ざかって、時間が止まりますよね。大阪中之島にある**パリアッシュ**[*7]の**パン・オ・ショコラ**（77ページ写真）もそうですね。何でこんなにチョコレートに香りがあるんだろうと思ったら、特上の鰻重みたいにチョコレートが二階建てになっているんですよね。クロワッサン生地のバターもフランス産ですごく香りがあります。バター感があふれているのに、それを乗り越えるようにして、さらにチョコレートが圧倒してくる。あの感覚はフランスで食べるパン・オ・ショコラにすごく近いと思います。

Y　食べてみたいです。

I　あと、**ブーランジェリースドウ**[*8]の**パン・オ・ショコラ**（77ページ写真）を僕は神格化しています。ベルギー産のチョコレートが余韻が長くて香りが芳醇だということがあるんですが、やっぱりクロワッサン生地のおいしさですよね。発酵バターの生々しいフレーバーと、てっぺんの焦げに近いキャラメリゼされたフレーバーが同居しているんですよね。それが二重にチョコレートを引き立てるんだと思います。

香り高いチョコレートに合わせるなら……

Y　フランスはパンに使われているチョコレートがビターでおいしいので、チョコチップがいっぱい入ったブリオッシュもよく食べていました。**Aurore Capucine**[*9]のが好きでしたね。でも、チョコレートクリームになると**ヌテラ**[*10]になるんですよね。クレープもクレープ・オ・ショコラって書いてあるのに、ヌテラを使っているところがほとんどです。チョコレートクリームとしては、**ガナッシュ**[*11]の方が正統派だし上質なのに……。

I　ショコラティエ（チョコレート屋）のパン・オ・ショコラって、めちゃめちゃうまくないですか？

Y　間違いなくおいしいですね。フランスのショコラティエでは、チョコレートエクレアやチョコレートを使ったケーキも売っています。

I　そういう感覚いいですよね。**La Maison du Chocolat**[*12]のチョコレートケーキにすごく感動した覚えがあります。

Y　おいしいですよね！　La Maison du Chocolat はエクレアも絶品です。

I　フランスのショコラティエのチョコレートは本当においしいですね。圧倒的に香りがあると思います。

Y　フランスでは鉄板の組み合わせのチョコレート×フランボワーズ（ラズベリー）もありですか？

I　あんなにうまい組み合わせはないですよね！　チョコレートとフランボワーズの組み合わせは、日本のパン屋さんにもっとあってもいいと思います。チョコレートといちじくもすごく合うということを、ZOPF（35ページ）の**いちじくとチョコのミルフィーユ**（77ページ写真）で学びましたね。ライ麦パンの生地でいちじくとチョコをはさみ込むように交互に重ねたパンです。

ライ麦とチョコの組み合わせといえば、cimai（19ページ）

＊6　ピエール・ガニエール
パン・エ・ガトー
東京都港区赤坂1-12-33
ANAインターコンチネンタルホテル東京
03-3505-1111（問い合わせ専用）
7:00～20:30（土日祝8:00～）　無休
anaintercontinental-tokyo.jp
フランスの３ツ星シェフ、ピエール・ガニエールのプロデュースによる、ゴージャスなパンとお菓子が並ぶ。

＊7　パリアッシュ
大阪府大阪市北区中之島3-6-32
ダイビル本館1F
06-6479-3577
10:00～19:00　日曜・月曜休み
fourdeh.exblog.jp/
フランス的なものへのリスペクトの気持ちが横溢。カラフルな色使いとオリジナリティが特徴。

＊8　ブーランジェリースドウ
東京都世田谷区世田谷4-3-14
03-5426-0175
9:00～19:00
日曜・月曜・火曜不定休
d.hatena.ne.jp/Boulangerie-Sudo
ブレのないうつくしいパンが高度な技術を物語る。食パンは数ヶ月待ち。駅前の店はいつも行列が絶えない。

＊9　Aurore Capucine
オロール・カプシーヌ
3 rue de Rochechouart 75009 Paris
www.aurorecapucine.fr
お茶やチョコレートなども売るアットホームなパティスリー（お菓子屋）。オリジナリティあふれる素材やデザインのスイーツに定評がある。

＊10　ヌテラ
イタリアのフェレロ社製のチョコレート風味のスプレッド。ヘーゼルナッツペーストをベースにしているので中毒性がさらに高くなる。フランスでは冷蔵庫にひと瓶というくらいの普及率。

実験

ベスト板チョコタルティーヌを探す

フランスでは子供が大好きで、手軽に食べられるおやつとしてポピュラーな「板チョコタルティーヌ」。作り方は、バゲットにバターをたっぷりめに塗り、はさみやすいサイズに折った板チョコをサンドするだけと、いたってシンプル。ここでは、工場生産のバゲットからフランス人も驚きの本格派バゲット。おなじみのバターやチョコレートからフランス産のハイクオリティなものまで、バゲット4種、バター3種、チョコレート5種をセレクトし、総当たり戦で板チョコタルティーヌを作って試食。ベストな組み合わせを4つ選んでみた。（I&Y）

材料

バゲット

ヤマザキ
軽い味わい、軽い食感。本格的なバゲットが浸透する以前の昔のバゲットの感じ。

ル パン ドゥ ジョエル・ロブション
ストレート法、基本の製法。余計な味のないきれいな味わい。

ル・プチメック
低温長時間発酵。熟成によって強められた味わい、甘さ。鼻へ押し込んでくるような渋みに近いフレーバー。

ボネダンヌ
フランス産小麦・発酵種。口を近づけると鼻を刺す発酵の香り。フランス産小麦らしいバターっぽいフレーバー。熟成の旨味。

有塩バター

雪印
日本のベーシックなバター代表。エシレほどではないが軽く発酵臭がする。

カルピス
クリーミーでコクもありつつ、バター臭くなくすっきりとした味わい。

エシレ
フランス産の発酵バター。発酵の香りが特徴的で濃厚かつクリーミー。

チョコレート

明治ミルクチョコレート
ビターチョコレートと比べるとキャラメルチョコレートともいえるほど甘くミルキーな味。

リンツ・チョコレート
（ビタースイートサーフィン）
外国産のビターチョコレートの中でも食べやすく、キャラメルに似た甘味を強く感じる。

ヴァローナ　タブレット・マンジャリ
（カカオ分64% ブラック・チョコレート）
酸味と苦味が強いチョコレート。ベリー系の酸味が最後まで舌に残る。

ラ・メゾン・デュ・ショコラ　オリノコ
（板チョコレート ダーク）
酸味はあるがマイルドに感じられ、カカオの香りにコクがある。

ピープルツリー
オーガニック・ビター・チョコレート
苦味を強く感じるがむしろ食べやすく、カカオの香りも芳醇。

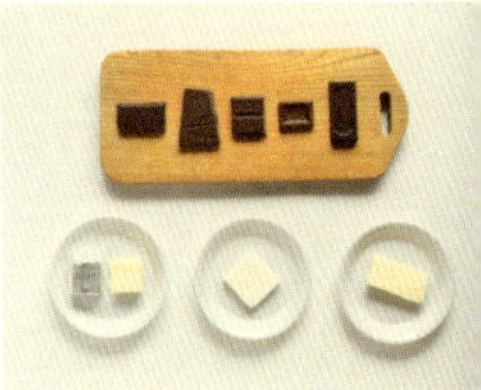

ル パン ドゥ ジョエル・ロブション
+
カルピス + ヴァローナ

チョコレートの中でもヴァローナは酸味がたって特に個性的な味。皮がパリパリして雑味のないロブションのバゲットに、生クリームのようなカルピスバターと合わせることで調和のとれた味になる。

ヤマザキ
+
雪印 + リンツまたは明治

雪印のバターはヤマザキのバゲットの短所を隠し、長所をのばしてくれる。そこにリンツをサンドすれば、リーズナブルな組み合わせながら、おいしいタルティーヌが味わえる。明治をサンドすれば、昔懐かしい菓子パンのような味になって、これもおすすめ。

ボネダンヌ
+
カルピス + ピープルツリー

カカオ感たっぷりのピープルツリーのチョコレートをボネダンヌのバゲットの発酵種の酸味が補ってくれるよい相性。ただ、カルピスバターを塗ってもボネダンヌのバゲットは風味が強いため、チョコレートのポテンシャルを少しかき消してしまう。そこでチョコとバゲットを交互にかじると両方を深く味わえた。

ル・プチメック
+
エシレ + ラ・メゾン・デュ・ショコラ

ゆりこさんが食べてひと言「フランスで食べてた板チョコタルティーヌの味」。溶けるごとに変化に満ち、酸味とカカオ感も豊かなラ・メゾン・デュ・ショコラのチョコに、強い甘さと熟成のフレーバーを持つル・プチメックのバゲットが一歩もゆずらず寄り添う。

のライ麦チョコ（77ページ写真）。スライムみたいなかわいい形をしていて、生地がすごくモチモチなんです。ライ麦とビターなチョコレートと自家製の発酵種の酸味ってすごく合うんですよね。

フランス人はチョコレート狂

Y　フランス人は「チョコレート狂」だと思いますね。老若男女が好き過ぎて「○○好き」とか「愛好家」のレベルじゃないんです。

I　パリでアパルトマンを引っ越すことになったら、管理人さんにチョコレートを持ってった方がいいとフランス人にアドバイスされました。そうすると、不始末があったときに大目に見てくれる（笑）。フランスでは「すべらない」手みやげのようです。

Y　そうですね。家に招かれたときの手みやげの筆頭もチョコレートです。ボンボン・ド・ショコラ（ひと口サイズのチョコレート）の詰め合わせ。

I　パック（イースター）でもプレゼントにしますし。

Y　チョコレートって万能なフィリングですよね。バゲットに板チョコをはさんだだけでもおいしいですよね。フランスの家庭には、たいていバゲットが余ってて、板チョコもあるから、バターは塗ったり塗らなかったりではさんでしまおうっていう。このパン、フランスではちゃんとした名前がついてないそうなので、ここでは「板チョコタルティーヌ」と呼びたいです。

I　**「8人の女たち」**[*13]という映画で、エマニュエル・ベアールがブリオッシュを食べるシーンがあります。日常の中の食事なんですが、板チョコを割って、ブリオッシュにプスッと刺して食べるんです。フランス人が板チョコタルティーヌを食べるのって、そんなさりげない感じなのかと思って。

Y　大人がパンにチョコレートをはさむのは、懐かしさからか、それとも無意識に子供の頃の感覚がよみがえってか、それはわかりませんが。板チョコタルティーヌとたっぷりのミルクは、フランス人にとってノスタルジックな組み合わせのようですよ。

I　板チョコタルティーヌをおやつにするのは、キッチンにいつもバゲットがあるフランスならではですよね。そのシチュエーションは日本では、まず訪れないですからね。バゲットが余ることってそうそうないし。やってみると、すごくおいしいんですけど、ときどきイメージと違うこともあります。

Y バゲットとチョコレートのクオリティのバランスってあるのかもしれないですね。バゲット、バター、板チョコ、高級なものから一般的なものまでいくつか選んで、うまく組み合わせれば、おいしい板チョコタルティーヌができるんじゃないでしょうか。

I 手に入りやすい明治のチョコレートとかで、おいしく作れたらいいですよね。

Y バゲット、バター、板チョコ、総当たり戦で実験してみましょう。

▼実験—**ベスト板チョコタルティーヌを探す** ↓80ページ

＊11　ガナッシュ

チョコレートと生クリーム（一部に牛乳を使うことも）を合わせたもの。トリュフをはじめとするボンボン・ド・ショコラのセンターにもなる。

＊12　La Maison du Chocolat
ラ・メゾン・デュ・ショコラ

225 rue du Faubourg Saint Honoré
75008 Paris
www.lamaisonduchocolat.fr/fr
「ガナッシュの魔術師」と呼ばれた創業者ロベール・ランクス氏が1977年にオープンさせたチョコレート専門店。現在は世界中に30店舗以上を構える。

＊13　8人の女たち

2002年、フランソワ・オゾン監督のフランス映画。カトリーヌ・ドヌーヴ、イザベル・ユペールら豪華女優の競演で話題に。

BRIOCHE
NATURE
1,15€
BRIOCHE
HOCOLAT
1,25€

ブリオッシュ

ブリオッシュはパンにあらず

I　フランスでは、クロワッサンやブリオッシュは**ヴィエノワズリー**[*1]として、小麦粉、塩、パン酵母（イースト）、水という必要最低限の材料で作られる主食のパンとは区別されますよね。

Y　ヴィエノワズリーは朝食やおやつに食べるパン。パン屋でもお菓子屋でも作られます。存在としてもパンとお菓子の中間ですし、フランス版の「お菓子なパン」になりますね。

I　フランスにはブリオッシュ・ア・テット（丸っこい形のいわゆる一般的なブリオッシュ。85ページ写真）以外にもいろいろブリオッシュがありますよね。

Y　小さいサイズでは、**ブリオッシュ・オ・シュクル**や**ブリオッシュ・オ・ショコラ**。後者は私も好きでよく食べますね。スライスして食べる大きいサイズでは、**ブリオッシュ・ヴァンディエンヌ**や**ブリオッシュ・ド・ナンテール**（4点共に89ページ写真）などがあります。ヴァンディエンヌは生地を編んでから長方形の型に入れて、ナンテールは小さく切った生地を長方形の型に入れてから焼きます。

I　日本でもブリオッシュ生地で食パンを作ったり、あんぱんやシナモンロールに使っていたり。ボストックのようなお菓子もできます。ブリオッシュは汎用性が高い生地なので、形を変えていろんなところに出現しているんです。

Y　ボストックはブリオッシュをシロップに浸してやわらかくし、表面に**アーモンドクリーム**[*2]を塗ってスライスアーモンドを散らします。そしてオーブンできつね色になるまで焼くのです。フランスでは、もともと、筒形のブリオッシュが売れ残ったときに作っていたリサイクルパンです。**クロワッサン・オ・ザマンド**[*3]の親戚ですね。

I　『おかしなパン』というタイトルを思いついたときに、ボストックのイメージがあったんですよ。パンなのか、お菓子なのかわからない。お菓子にしか見えないんだけど、生地はパンみたいな。フランスそのままを再現している、**ル・グルニエ・ア・パン**[*4]の**ボストック**（88ページ写真）は、ブリオッシュの卵感、アーモンドやお酒などいろんな風味が積み重なって、フランス的な濃厚な甘さです。

Y　「発酵菓子」っていい方をしますよね。本国フランスでも、ブリオッシュ生地を使ったヴィエノワズリーや発酵菓子というのが、特に地方にあったりします。もともとブリオッシュは乳製品が豊かなノルマンディ地方が発祥といわれているようですし。

I　バッテンのブリオッシュを食べたことがあります。

Y　サヴォワ地方のクロワ・ド・サヴォワ（サヴォワの十字架）ですね。その昔、この辺りを支配していたサヴォワ家の紋章が白十字だったから、この形になったのだと思われます。あとはノール地方の**タルト・オ・シュクル**（砂糖のタルト、89ページ写真）とか。

I　**PAUL***5に売ってるものですね。タルトっていってるけど、ブリオッシュ生地に指であけたような穴がたくさんあって、発酵バターとグラニュー糖がふりかけてある。

Y　タルト・オ・シュクルは北フランスの郷土菓子なんです。PAULはフランスの北部、ノール地方の中心都市リールが発祥の老舗です。

知る人ぞ知る隠れブリオッシュ

I　タルトといえば、**タルト・トロペジェンヌ**（31ページ、89ページ写真）もブリオッシュですよね？

＊1　ヴィエノワズリー
フランス語で「ウイーンのもの」という意味。1839年頃、パリでAugust Zangという人がウイーン風のパン屋を開いた。そこで作られたウイーン式のパンが、牛乳やまれにバターを使った贅沢なものだったため、のちに、砂糖、バター、卵、牛乳などを豊富に含んだリッチなパンの総称となる。

＊2　アーモンドクリーム
バター、砂糖、卵、アーモンドパウダーを混ぜ合わせて作るクリーム。タルトやパイ生地の中に詰めて一緒に焼くなど、様々なお菓子や菓子パンに使われる。

＊3　クロワッサン・オ・ザマンド
もともとは売れ残ったクロワッサンをおいしく再生させるために考案されたヴィエノワズリー。クロワッサンをシロップでやわらかくし、間と表面にアーモンドクリームを塗ってスライスアーモンドを散らしてオーブンで焼く。フランスでも人気商品のため、その日のクロワッサンを使って作るところも多い。最近、パン・オ・ショコラを同じように仕立てたパン・オ・ショコラ・オ・ザマンドも登場し、こちらも人気が高い。

**＊4　ル・グルニエ・ア・パン
アトレ恵比寿店**
東京都渋谷区恵比寿南1-6-1
アトレ恵比寿西館4F
03-5475-8719
10:00〜21:30
不定休（アトレ恵比寿に準ずる）
パリのバゲットコンクールを2度も制覇した名店が日本上陸。現地で学んだシェフが作るバゲットやクロワッサンは、日本人の味覚に合わせない本物感が魅力。

**＊5　PAUL
ポール**
www.pasconet.co.jp/paul
1世紀以上前、北フランスのリールで創業。当時のレシピを守り、フランス産小麦を使った店を、フランス本国と日本に多数出店。

365日
ブリオッシュ
98ページ

ロワンモンターニュ
クニュ
98ページ

クロア
ハムと九条ねぎのブリオッシュ
98ページ

薫々堂
クロワ・ド・サヴォワ
98ページ

ル・グルニエ・ア・パン
ボストック
86ページ

ユヌクレ
トロペジェンヌ
90ページ

ルルット
ブリオッシュ・オ・プラリーヌ
90ページ

いちかわ製パン店
クラミック
91ページ

カタネベーカリー
カネル
95ページ

フランスのブリオッシュ

ブリオッシュ・ド・ナンテール

86ページ

ブリオッシュ・ヴァンディエンヌ

86ページ

ブリオッシュ・オ・シュクル

86ページ

ブリオッシュ・オ・ショコラ

86ページ

タルト・オ・シュクル

87ページ

タルト・トロペジェンヌ

87ページ

ブリオッシュ・オ・プラリーヌ

90ページ

Y　そうですね。タルト・オ・シュクル同様、タルトだけどブリオッシュ生地を使っています。タルト・トロペジェンヌを考案したお菓子屋、その名も **La Tarte Tropézienne**[*6] は、南仏のサン・トロペという海岸沿いの町にあります。タルト・トロペジェンヌは、この店のオーナーが、彼のおばあさまのレシピからインスピレーションを受け、考案したものだそう。当時はタルト・ア・ラ・クレーム（クリーム入りタルト）って呼ばれてたみたいです。これを「サン・トロペ風タルト」という意味の「タルト・トロペジェンヌ」と名づけたのが、「素直な悪女」という映画の撮影で同地を訪れていたフランスの名女優ブリジット・バルドーなんですって。

I　そのストーリーは僕も好きで、いつかトロペジェンヌブームが起きるはずだと思っています（笑）。**ユヌクレ**[*7]の**トロペジェンヌ**（88ページ写真）が僕は好きです。ここのはクリームだけではなくジャムも入っていて、クリームとアプリコットジャムの甘さがダブルで攻めてきます。

他にはどんな隠れブリオッシュがあるんですか？

Y　**ガレット・デ・ロワ**[*8]はフランスのロワール河よりも南に行くと、ブリオッシュ生地で作った大きなリング状になるんですよ。フェーヴが入るのは共通していますが、ヴィジュアルは全く違います。

その他には、**ブリオッシュ・オ・プラリーヌ**（またはブリオッシュ・ド・サン・ジェニ、89ページ写真）という、ピンク色のプラリーヌ（アーモンドに厚い砂糖衣がついたもの）を混ぜたブリオッシュなんかも地方色豊かなブリオッシュですね。リヨン周辺の地域では、プラリーヌはかなり濃いピンク色に着色されています。それを粗めに砕いてブリオッシュ生地に混ぜると、フリーズドライのいちごを混ぜたような感じになるんですよ。

I　大阪の**ルルット**[*9]のもの（88ページ写真）を食べたことがあります。ふわっとしたパンの中にカリカリした飴のようなプラリーヌが入って、甘さのケミストリーを起こしてますよね。ルルットは、フランスのかわいいパンを集めたようなお店。ピンク色が混ざり込んだブリオッシュ・オ・プラリーヌはすごく可憐ですよね。ブリオッシュは、こういうガーリーな側面を押し出せば、もっと人気が出ると思います（笑）。

Y　リヨン近くのロアンヌという町で、このタイプのブリオッシュを「プラリュリーヌ」という名前で看板商品にしているお店があります。**Maison Pralus***10といって、パリにも支店があるので、パリでも味わえるんですよ。池田さんがジャムパンの章で、レフェクトワールのブリオッシュ食パンの話をされてましたよね（58ページ）。買って帰ると、朝が来たら、どれだけ食べてやろうかと思うって。プラリュリーヌを買うと同じ気持ちになるんです。

I　**クラミック***11もありますね。パウンド型で焼かれることが多い、レーズン入りのブリオッシュです。型で焼くと、水分が残ってしっとりするので僕は好きです。小倉の**いちかわ製パン店***12の**クラミック**（88ページ写真）が極上だと思いました。加水が多く、ミキシングの少ない丁寧な作り方が、クラミックにすごく合っているんです。

Y　クラミックがすでに日本にあるんですね！　フランスのPAULにもあってパールシュガーも入った甘ったるい感じが好きでした。

パンがなければブリオッシュを食べよ！

I　ブリオッシュとは書いてないんですけど、『おひさまパン』（エリサ・クレヴェン著、金の星社）っていう絵本

＊6　La Tarte Tropézienne
ラ・タルト・トロペジェンヌ
3 rue de Montfaucon 75006 Paris
www.latartetropezienne.fr
1955年、南仏の港町サン・トロペで創業したお菓子屋。銘菓「タルト・トロペジェンヌ」を世に送り出した存在として注目を浴び、南仏を中心に展開、パリにも進出している。

＊7　ユヌクレ
東京都世田谷区松原6-43-6 #101
03-6379-2777
9:00〜18:00（カフェ〜17:00）
火曜・水曜休み
uneclef.com
手作りのジャムに、レモンケーキに、シナモンロール。どのアイテムもスタイリッシュ。丁寧に淹れられたおいしいコーヒーとパンを楽しめる。

＊8　ガレット・デ・ロワ
神の子イエスが人間の形をとって公に現れたことを記念する日、エピファニー（公現節）のときに食べるアーモンドクリーム入りのパイ。エピファニーは東方の三博士がお祝いを持って生まれたばかりのイエスのもとにたどり着いた1月6日をその祝日とする。ガレット・デ・ロワを切り分けたとき、フェーヴ（陶器製のミニチュア）が中に入っていた人がロワ（王）となり、紙の王冠をかぶる風習がある。

＊9　ルルット
大阪府大阪市西区江戸堀2-3-17 1F
06-6136-7277
9:00〜19:00　月曜・火曜休み
パリに渡り名店デュ・パン・エ・デジデでも学んだシェフのお店。クグロフや、デュ・パン・エ・デジデの人気商品パン・デ・ザミに範をとったパン・ルルットなど。のみの市で買い集めた雑貨もかわいい。

＊10　Maison Pralus
メゾン・プラリュ
35 rue Rambuteau 75004 Paris
www.chocolats-pralus.com
初代オーナーのオーギュスト・プラリュ氏がリヨン近郊の町ロアンヌに1948年に創業し、銘菓「プラリュリーヌ」を考案。現在は息子のフランソワ・プラリュ氏がチョコレートにも力を入れ、産地別チョコレートなどを早くから展開している。

実験

フルーツサンドをブリオッシュで作る

「このパンでフルーツサンドを作ってください」

大好きなフルーツパーラー「フルフル」でこのひと言をいってみるのが夢だった。よその店のパンを持ってくなんて失礼なんじゃないか？　そう心配したけど、「あ、いいですよ」とフルフルの其田秀一さんはあっさり快諾。やったー！　理想のブリオッシュはnukumukuの「進化系ブリオッシュ」。しっとりなめらかで、口溶けがすごくスムーズ。「特別に食パン型で作りますよ！」と与儀高志シェフは申し出てくれた！

取材の日、冒頭の言葉と共に差し出したnukumukuのブリオッシュ食パン。いつものとはサイズも違うのに滞りなくフルーツサンドは作られる。魔法のようにツルツル切れていくフルーツ。パレットですくったホイップクリームはつーっとパンの上にのびていく。すっと刃が入って、汚れも乱れもない断面が現れる。難しいことを、こともなげに気持ちよさそうに行うプロの仕事。

2種類のフルーツサンドを作ってもらう。まずいつもの食パンで。すーっと発酵の香り。食パンの味わいは清らか、生クリームやフルーツの味わいを邪魔しない。その印象を色で表すと「白」。白米に日本酒。日本人が好きなすがすがしい味の表現。

さて、夢のブリオッシュバージョン。生クリームが溶けてピュアな甘さが広がると、ブリオッシュの豊潤な甘さと響き合う。フルーツを噛むと果汁が解き放たれる。白いクリームのキャンバスに華やかな色彩のフレーバーが加わる。いちごのピンク、マンゴーのオレンジ、キウイの青、バナナは南国の香り。最高のフルーツを大きくカットするからこその豊かさ。

「デザート感が増しますね」「ケーキみたい」と、スタッフの人たちにも好評。そこへ、もう1種類特別なフルーツサンドが運ばれてくる。ブリオッシュ食パンによる桃のサンド（下写真）。ジュルジュルとあふれ出し、こぼれ落ちる、桃の果汁。ふわりとした生地が愛おしむように桃の傷つきやすい果肉を包み込む。生クリームと混ざり合う桃ジュース。こんなにジューシーなものはパンを溶かしてしまうので合わない？　いや、せつない瞬間の命だから、なおその甘さは輝きを放っているように思った。（I）

フルフル 梅ヶ丘店
東京都世田谷区松原6-1-11　03-6379-2628
営業時間は要問い合わせ　火曜・水曜休み
ホットケーキとフルーツサンドが名高いフルーツパーラー。
フルーツに生クリーム、素材の品質には特にこだわる。

nukumuku
35ページ参照

に出てくるパンが、ブリオッシュの原点に近いと思うんです。すごく寒い冬だから、ありったけのごちそうパンを作ろうって、卵やバターをいっぱい入れて作るんですよ。そうすると、おひさまみたいな温かいパンになって、動物とかみんなが来て一緒に食べる。冬が吹き飛ばされて春になっちゃうというお話なんです。僕はブリオッシュに、そういう太陽みたいな温かい甘さっていうイメージがあったんで、すごくよくわかる。

Y　ブリオッシュは、卵とバターがたっぷり練り込んであることを強調するために、多くのお店が黄色い着色料を入れます。あの黄色が豊かさの象徴みたいなところがあって。パンは日常、お菓子はハレの日というその昔から、ブリオッシュってパンの仲間だけど、フランス人にとってはお菓子くらいの特別な存在だったのです。

I　フランス革命の前に食料難に陥ったフランス国民に対し、王妃マリー＝アントワネットが発して大反感をかった言葉にもありましたよね。「パンがなければブリオッシュを食べればいいじゃない」って。「お菓子を食べればいいじゃない」って日本では伝わっているんですが、あの原文ってどうなっているんですか?

Y　フランス語の原文は'Qu'ils mangent de la brioche'.「ブリオッシュを食べればいいじゃない」ですね。これはジャン＝ジャック・ルソーの『告白録』の中に出てくる、とある大公夫人の言葉らしいのですが、実は、この本が書かれたのは、マリー＝アントワネットがフランスの土を踏む前のことなんだそうです。

I　ルソーの書いたエピソードをマリー＝アントワネットの言葉であるかのようにいい出したのは、フランスの飢饉の原因を王家のせいにしたかった人たちの仕業かもしれませんね。日本で「ブリオッシュ」が「お菓子」と訳されていたのは、それほど、ブリオッシュが知られてなかったということなんですよね。

Y　フランス語から英語に訳された時点で、すでにbriocheがcakeになってしまい、さらに和訳されてお菓子になったという経緯のようです。どちらにしても翻訳した人がブリオッシュをお菓子と認識していたってことになりますね。

I　言葉の真偽はおいても、ブリオッシュが好きな僕は、マリー＝アントワネットにすごくシンパシーを感じるんです。彼女は無類のお菓子好きで、一番好きだったのはクグロフ（ブリオッシュに似たリッチな発酵菓子）だったそうです。クグロフは、もともとオーストリアやポーランドで作られていたのが、マリー＝アントワネットと共にフランスに伝えられたと、『お菓子でたどるフランス史』（池上俊一著、岩波書店）にあります。ブリオッシュが好きだったお姫様が「ブリオッシュを食べればいいじゃない」といい放つ世間知らずぶりは、逸話だとしても心惹かれるものがあります。

ブリオッシュは変幻自在

Y　他に、池田さんの好きなブリオッシュはありますか？

I　カタネベーカリー（29ページ）の**カネル**（88ページ写真）。ブリオッシュ生地にシナモンシュガーをふって、ホイップクリームをダーッて塗るんですよ。生地には穴があいていて、窯の中に入れるとクリームが熱で溶けて、穴を通じて中までしみ込んでいくんです。でも、全部にはしみ込みきらなくて、まだらになる。しみ込んだところとブリオッシュがそのままのところと。それがたまらないんですよ。

＊11　クラミック

ベルギー、ルクセンブルク、フランス北部などで食されるレーズン入りのブリオッシュ。主に朝食やおやつとして、スライスしたものをそのままか、好みでバターやジャムを塗って食べる。

＊12　いちかわ製パン店

福岡県北九州市小倉南区
葛原高松1-1-24
093-475-1255
9:00～売り切れ次第終了
月曜・火曜休み
1kawa-seipanten.com
多加水、長時間発酵。形もうつくしい、丁寧に作られたパンはソフトで口溶けがいい。オーガニックなどのおいしい食材を厳選。ひとりひとりと会話をするアットホームな接客も魅力。

＊13　サン・ニコラの日

サン・ニコラは聖ニコラのこと。フランス北東部を含む、ベルギー、オランダ、ドイツ、オーストリアなどで行われている子供のためのお祭り。サン・ニコラが前夜に子供たちにお菓子を配るという習慣やその風貌から、現在のサンタクロースの起源であるともいわれている。

自家製ブリオッシュ

材料／直径20cm、高さ7cm　1個分

インスタントドライイースト
——大さじ1（10g）
ぬるま湯（人肌）
——大さじ3
無塩バター——70g
強力粉——250g＋20g
砂糖——50g
卵（あればL）——3個
塩——小さじ1
＊有塩バターを使う場合は、
塩を小さじ½強にする。

作り方

1 イーストは分量のぬるま湯で溶いてなめらかな状態にし、5分ほど置く。
2 バターは電子レンジ（約500W）で、1分ほど加熱して溶かす。
3 ボウルに強力粉250g、砂糖、**1**のイーストを入れ、手で軽く混ぜる。
4 卵を割り入れ、もみ込むようにして粉気がなくなるまで手で混ぜ込む。
5 塩をふり入れ、しゃもじの先に生地をつけては引きのばすという動作を繰り返しながら5分ほどこねる。
6 **2**の溶かしバターを2〜3回に分けて加え、そのつどしゃもじで混ぜる。バターがある程度混ざったら、さらに5分ほどしゃもじでこねる。
7 強力粉20gを加え、粉気がなくなるまで手で混ぜ込む。
8 ラップをし、オーブンの発酵機能を使うか、30〜40℃のところに1時間置いて発酵させる。
9 ベーキングシートを敷いた天板の上に**8**をのせ、できるだけ高く丸くなるように成形する。
10 180℃に予熱したオーブンで20〜25分焼く。

Y　シナモンとホイップクリームが絡み合う。シンプルなテクニックでありながら効果は絶大ですね。

I　あと、僕が好きなのは365日（19ページ）の**ブリオッシュ**（88ページ写真）ですね。公園のベンチで食べてたんですけど、おいし過ぎて、ただ食べるのがもったいない気がして、慌てて自動販売機を探してバンホーテンのココアを買いました。

Y　ブリオッシュとココアは合いますね！　フランス北東部のアルザス地方では、12月6日の**サン・ニコラの日**[*13]に、人の形をしたブリオッシュ、**マネル**[*14]（またはマナラ）をショコラショウ（ホットココア）と一緒に食べる習慣があるんです。

I　王子の**ロワンモンターニュ**[*15]では12月になるとマネル（商品名は**クニュ**、88ページ写真）を売り出します。

ブリオッシュは、おかず的なものと合わせてもおいしいものです。ブーダン・ノワール（血入りの黒いソーセージ）と一緒に食べたりしますよね。京都の**クロア**[*16]には**ハムと九条ねぎのブリオッシュ**（88ページ写真）というのがあります。これはシェフがブリオッシュをケーク・サレに見立てて、ハムや九条ねぎを混ぜ込んだものです。

Y　ケーク・サレならぬブリオッシュ・サレですね。

I　甘いパンのほとんどをブリオッシュ生地で作っているパン屋さんがあるんですよ。横浜の**薫々堂**[*17]っていうお店。先述した**クロワ・ド・サヴォワ**（88ページ写真）が薫々堂のものです。現在、店に出てないものも含めると50種類以上をブリオッシュ生地だけで作ってて、しかも伝統的なものを発掘しているんです。それくらいブリオッシュって歴史とか、幅があるものなんですよね。

Y　フランスでは三大巨頭のひとつなんです。ブリオッシュ生地、クロワッサン生地、折り込みパイ生地を作っておけば、大体のヴィエノワズリーは作れるってくらい。でも、日本では「おいしいブリオッシュ特集」って組まれないですよね。

I　ひとつには、変幻自在過ぎて、バゲットやクロワッサンのように代表的な形が定まっていないということがあるんじゃないですか。薫々堂の亀山修二さんがいってたんですけど、ブリオッシュ生地でも、パンのイメージによって焼き方を変えて別のものにしていくそうです。ボストックみたいなのは焼き締めて、乾燥させて水分を飛ばしてサクサクにしたりとか。

Y　ブリオッシュは実に自由で楽しいパンってことですね。前々から食べてみたかったのが、ブリオッシュ食パンを使ったフルーツサンドイッチです。

I　おー、いいですね。それはうまいと思います。

▼実験｜**フルーツサンドをブリオッシュで作る**　↓92ページ

Y　昔、フランスのママン（お母さん）は、家でブリオッシュを気軽に作っていたと、大森由紀子さんの本で読んだことがあります。手でこねた生地をその辺に放置して発酵させ、おやつを作る。地方にブリオッシュを使った発酵菓子が存在しているのも、そんな背景からかもしれません。

I　大森由紀子さんの『ブリオッシュ&タルト　フランス焼き菓子の旅』（雄鶏社）はフランスでのブリオッシュのあり方を伝える貴重な資料ですね。

Y　その本だったかは忘れましたが、ママンの作り方が二次発酵させない一次発酵だけっていうのを読みました。そっか、ちょっと試しに一次発酵させただけで作ってみようって作ったら、とってもおいしかったんですよ。しっとりしてて生地の目がキュッと詰まってる感じで。あと、これね

＊14　マネル

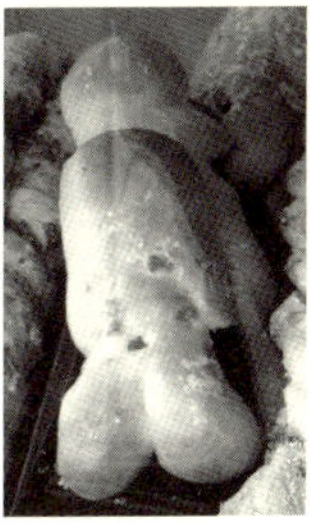

＊15　ロワンモンターニュ
東京都北区王子本町1-15-20
高木ビル1F
03-3900-7676
9:30～18:00
日曜・祝日・第2、4土曜休み
www.loin-montagne.com
白神こだま酵母・国産小麦を使用する下町のパン屋。昔ながらの職人仕事をアップデートさせ、絶品のカツサンドやカレーパンを作る。

＊16　クロア
京都府京都市北区鷹峯藤林町6
長八館1F
075-495-6313
9:00～18:00　火曜・水曜休み
手ごねを多用するなど、混ぜ過ぎないことで、やさしいテクスチャーを実現する。九条ねぎ、七味唐辛子、黒豆など、京都の食材を積極的に使用しているのもうれしい。

＊17　薫々堂
神奈川県横浜市泉区
和泉中央北3-16-27
045-805-0403
10:00～19:00　日曜・月曜休み
www.kunkundou.com
ブリオッシュを焼く亀山修二シェフ、湯種の食パンを作る妻の裕子さんと、ハイレベルな職人夫婦による店。タルトタタンからドフィノワ（くるみ入りのパン）まで、ブリオッシュを焼き菓子のようにも菓子パンのようにも焼き分ける。

ブリオッシュでフレンチトーストを作る

スペインで出合ったフレンチトーストの作り方は目からうろこだった。まず、かたくなったパンを牛乳に浸してやわらかくする、それから、泡立てた卵を衣のように絡める、最後に、オリーブオイルで焼いてシナモンシュガーをまぶすというもの。卵と牛乳が別々で砂糖は入れない。甘くないフレンチトーストに、あとから甘味を加える。卵を泡立てるのはちょっと面倒だから、砂糖を使わないというスペイン風のいいところと、スタンダードなレシピのいいところをもらって私のレシピが完成した。(Y)

材料/4枚分

卵——1個
牛乳——200ml
ブリオッシュ——4枚(大きさの目安/高さ11cm、幅6~7cm、厚さ2.5cm)
バター——30g

作り方

1 ボウルに卵を割り入れて泡立て器で混ぜ、牛乳を加えてさらに混ぜる。
2 1をバットに流し入れ、ブリオッシュを浸し、卵液がなくなるまでしみ込ませる。こまめにひっくり返すと早くしみ込む。
3 大きめのフライパンにバター20gを入れ、中火にかける。
4 バターが溶けてきたら、2を入れ、片面がきつね色に焼けたらひっくり返す。残りのバターを加え、もう片面も同様に焼く。

*食べるときにメープルシロップやシナモンシュガーをかけて甘くしたり、塩と黒こしょう、トマトソース、カリカリベーコンなどをのせて食事としても食べられるように、卵液には砂糖は入れずに作る。

るときって手がベタつくんですよね。卵やバターを入れたときなんか、手がグチョグチョになっちゃう。作る人は嫌だろうなあと思ったから、しゃもじでこねるという方法も編み出しました。

▼ レシピー｜自家製ブリオッシュ　↓96ページ

ブリオッシュとフレンチトーストの姻戚関係

Y　パリのビストロやカフェのデザートメニューに、ときどきフレンチトーストがあるんですけど、ほぼ100％っていっていいくらいブリオッシュを使っているんですよ。

I　フランス語でフレンチトーストって「pain perdu（パン・ペルデュ）」っていいますよね。

Y　「失われたパン」という意味です。かたくなったパンをおいしく再生させたいという知恵から生まれたデザートですが、バゲットで作るといかにも残り物感が出てしまうので、ビストロやカフェではブリオッシュを使うことでそれを払拭しているのだと思います。

I　フレンチトーストはフランスが発祥なんですか？

Y　似たものがスペインにもあったりするので違うと思います。ただ、おもしろいのはスペインでは、牛乳、卵、砂糖がバラバラ。つまり、パンを牛乳に浸し、しっかり泡立てた卵を絡める。それをオリーブオイルで焼いて、最後にシナモンシュガーをまぶすんです。手順は違うけど、食べるとシナモン味のフレンチトーストになります。イギリスの**ブレッドプディング**[*18]もフレンチトーストの親戚ですよね。パンが主食で献立にデザートが組み込まれている食文化圏では、かたくなったパンを何とかしてデザートにまわせないかっていう発想が、同時多発的に湧いてくるものなのかなって思います。探してみるとフレンチトーストの親戚が他のヨーロッパの国にもあるかもしれません。

I　フレンチトーストってブリオッシュに実は近いですよね。プレーンなパンにあとから卵とかミルクを浸すか、最初から混ぜ込むかっていう違いであって。

Y　確かにそうですね。私のレシピは、先述のスペインのフレンチトーストから少しアイデアをいただいたものです。簡単かつ、自由度が高いんですよ。

I　そのレシピ、ぜひ教えてください。

Y　もちろんです！　簡単過ぎてびっくりしないでくださいね（笑）。

▼レシピ2―**ブリオッシュでフレンチトーストを作る**　→100ページ

＊18　ブレッドプディング
かたくなったパンを卵入りの甘い液に浸してやわらかくし、オーブンで焼いたもの。欧米諸国に存在し、浸す液に使う卵以外の材料、甘味料や油脂などが国によって異なる。

デニッシュ

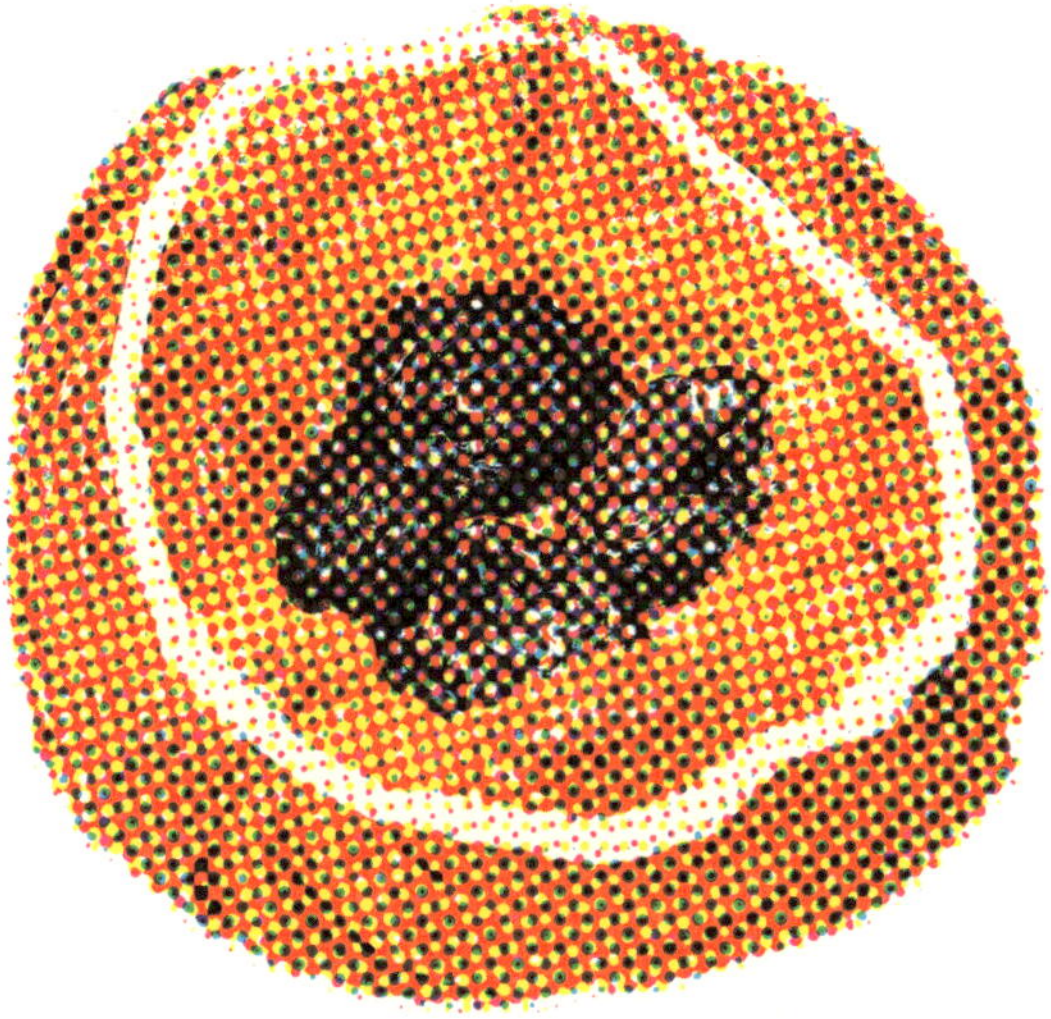

ウィーン風なのかデンマーク風なのか

I　デニッシュ、クロワッサンのような折り込み生地と最初に出合ったとき、本当に不思議だなと思った記憶があります。一体、何枚重なっているんだろうと。一枚一枚ひっぺ返して数えようと思ったんですが、無理でした（笑）。数えきれないほどたくさんの生地をどうやったら重ねてパンにすることができるのかと、パン屋さんを尊敬しました。一枚一枚のばして重ねていると思っていましたからね。小学生の僕は乗数を理解していなかったんです（笑）。

「デンマークのパン」という意味での本当のデニッシュに出合ったのはイエンセン（35ページ）ですね。こんなに素敵な場所があるのかと、僕は毎日ここに通って朝食にデニッシュを食べたいと思いました。

Y　大学生のときに食べてましたが、格別だった記憶があります。いまどきのお洒落なお店じゃなくて、ごく普通の町のパン屋さんという控えめな佇まいも好印象だったし、中には見たことのないデニッシュがいっぱい並んでいて、そこはデンマークのパン屋みたいな感じで……。

I　店主の和田さんはデンマークでパンの学校を修了し、マイスターになった人です。こんなにいろんなデニッシュがあるんだなあーって。形もそうだけど名前も、聞いたことない名前ばかり。**スモーケア**とか**スモービアキス**とか、**スモースナイル**（3点共に112ページ写真）が一番好きです。シナモンとバターシュガーを巻き込んだ渦巻型のデニッシュ。他で食べないような味なんです。これがデンマークっぽい味なんだろうなと、行ったことのない異国に想いをはせながら食べています。

Y　スモースナイルって直訳すると「バターロール」って意味みたいですけど、シナモンも入ってるんですね。

I　和田さんに「何でこれデンマークみたいな味がするんですかね?」って聞いたら、「バターが多いからじゃないか」っていわれて。デンマークでは、生地に60%以上のバターを含んだものしか、ウィエナブロート（デニッシュ）と呼んではいけない決まりになっているらしいんです。

Y　デンマークでもデニッシュのことを「ウィーン風パン」を意味する「ウィエナブロート」っていうんですよね。

フランスもそうです。デニッシュの仲間のクロワッサンやパン・オ・ショコラは「ウィーンのもの」という意味のヴイエノワズリー（87ページ）といいます。

　ニューヨークでは、随分前から「デニッシュペストリー」という呼称で、浸透している食べ物のようです。日本のデニッシュはアメリカから入ってきたという流れは考えられませんか？

I　最初のデニッシュはアンデルセンによってデンマークからやってきましたが、アメリカやフランスに影響を受けた流れもたしかにあります。パンは移動するものです。まず、王朝が栄華を誇り、食文化の先進地域だったウィーンから、デンマークに折り込みの発酵生地が渡った。そこは酪農王国でバターが大好きな国民だったので、独自の発展をとげた。それがアメリカに渡ると、「ウィーン風パン」が「デンマーク風」と呼ばれるようになった。パンは移動して、その土地で独自の文化をとげながら、いろんなバリエーションができ上がっていくものなんです。まず、日本でどうやってデニッシュが受け入れられたか、取材してみたいと思います。

▼ Column 3 ｜ **アンデルセン創業物語** → 118ページ

諸説あるクロワッサン誕生ストーリー

I　クロワッサン生地とデニッシュ生地って、厳密にいうと違うらしいんですよ。

Y　世界のパンのレシピをのせた本『Le Grand Livre du Pain（パン全集）』を見る限りでは、バターを包む生地は、クロワッサンの方には、小麦粉、塩、水、イーストという基本材料にプラスして、砂糖や粉乳が入ります。デニッシュの方は基本材料にバターと卵が入ります。

I　デニッシュの方は甘くすると認識しているパン屋さんも多くいるでしょう。過半はクロワッサン生地を流用して作ると思います。実際、クロワッサンがおいしい店は、必然としてデニッシュもおいしいですからね。

Y　その理論はわかります。クロワッサンといえば、2014年にニューヨークで小さな出版社をやっている友人と**『Paris Croissant Map』***1（All-You-Can-Eat Press）というのを作ったんです。100個くらいパリのクロワッサンを食べ歩きました。パリのおいしいクロワッサンは全部これにのってますよ！

I　拝読しましたが、すばらしい冊子です！

Y　ありがとうございます。そのとき、歴史もいろいろ調べたのですが、フランスで出版されている『Dictionnaire Universel du Pain（パン万能事典）』によると、マリー＝アントワネットがオーストリアから嫁いだとき、ウィーンのパン職人を同行させ、クロワッサンの製法が伝えられたという説は違うらしいんですよ。

I　素朴に信じていました。「パンがなければブリオッシュを食べればいいじゃない」と、のたまうほどヴィエノワズリーが好きなお姫様が、お嫁入りのとき腕利きのパン職人をウィーンからたくさん連れていったって逸話、おもしろいじゃないですか（笑）。

Y　職人は連れていったかもしれません。ただ、彼らがクロワッサンの製法を伝えたという史実を、明確にする資料は存在していないそうです。パリでのクロワッサン誕生について、最も信憑性のある説として挙げられているのが、August Zangという人が、1839年頃にパリにウィーン風のパン屋を開き、そのとき売り出されたのが三日月型をしたウィーンのパン「Kipferl（キプフェル）」だったとか。これが人気になって、パリの多くのパン屋が真似をして作るようになったそうです。で、同じ名前ではまずいということで「クロワッサン」と名づけられた。このときのクロワッサンは、まだ、現在のような折り込み生地ではなく、ミルクパンのような生地だったんですって。20世紀に入って、折り込み生地のタイプが出現し、これが現在のクロワッサンに発展していったそう。どちらにしても、クロワッサンの原型がウィーンスタイルってことは事実のようですね。

I　ウィーンで三日月型のパンが生まれた経緯にも諸説がありますね。一番有名なのは、ウィーンに攻めてきたオスマントルコを撃退した記念に、トルコの国旗にあしらわれている三日月型のパンを焼いたというものです。キプフェルはドイツ系のパン屋などにときどきあります。**ナチュラルローソン**[*2]の、あんこギッフェリが知られてますよね。あれとクロワッサンは別物です。僕は、三日月型のパンを作った人より、それを折り込み生地で作ろうと進化させた人が歴史に名を残す方がいい気がするんですけど（笑）。

＊1　Paris Croissant Map

＊2　ナチュラルローソン
ローソンが展開する健康志向の商品を扱うコンビニエンスストア。店内のオーブンでパンが焼き上げられる。

日本のおいしいクロワッサンやデニッシュ

Y　日本のパン屋さんでクロワッサンがおいしいところってどこですか？

I　カタネベーカリー（29ページ写真）がおいしいですね。ここのを食べて、デニッシュやクロワッサンって、生地がふわっと上がってて高さがあるのがおいしいと納得しました。弾けそうなぐらい迫力があるというか勢いがあるというか。僕は買うときそこに注目してて。

Y　私は、見た目にほんの少しだけですが「しっとり感」を感じられる方が好きです。クロワッサンの先っぽから、バターがしみ出てる感じ……。

I　名古屋の**バゲットラビット**[*3]のクロワッサンが秀逸ですね。店内の石臼で挽いた三重県の小麦もブレンドして作られます。ふすまとバターは相性がすごくいいものだと思います。この生地で作る**キャラメルバナナ**（1 1 2ページ写真）というデニッシュには、小麦と果物という素材同士に響き合いを感じます。

Y　デニッシュがおいしいお店は？

I　ますやパンという、北海道の帯広で有名な店の支店である**めむろ窯**[*4]に行きました。そのとき、デニッシュの上にコーンがたくさんのっている、とうもろこしのデニッシュ（期間限定、現在はとり扱いなし）を食べました。竹内さんという農家さんが持ってきた朝採れのとうもろこしだったんですが、ものすごく甘くて、あんなにおいしいとうもろこしを食べたことはない。とうもろこしは時間の経過と共に甘さがどんどん減っていくそうで、生産地に行かないと味わえないおいしさだったんですね。パン屋さんと農家さんのすばらしいコラボレーションです。

Y　採れたてのとうもろこしの甘味は病みつきになりますよね。

I　**ジェルメ**[*5]という店、京都にあるんですが、ここのクロワッサンやデニッシュもめちゃうまいですよ。今日この果物入ったからこのデニッシュ作りました、みたいな感じで。一番うまい瞬間を食べさせようとしてくれるのでレシピもどんどん変わっていくんです。鮨屋みたいなパン屋なんですよ。自分が行ったときは柑橘系のデニッシュがあって。注文を受けてから皮をむくって聞いて、それは絶対にうまそうだなと思って。僕はみかんとかオレンジだったら、その一番フレッシュな果汁とパンが食べたいから。デニッシュの上で、自分で噛んで、膜みたいなのが破れるのって……、うまいじゃないですか。

Y それは京都まで行って食べたくなりますね。

I 僕がゆりこさんに食べてもらいたいのは**クピド！**[*6]の**デニッシュ**(112ページ写真)です。フィリングは香りを重視した組み合わせ。例えば、洋梨とブルーチーズとか。デニッシュ生地は、焼き込むという表現を超えて、焼き切ってあります。そのためにバター感がすばらしい香ばしさで、かつパリパリです。カスタードクリームはフランスで食べるような濃厚なもので、主張があるもの同士のクリームとデニッシュが合わさって絡み合う様は官能的ですね。

Y 知人が西荻窪のアテスウェイのクロワッサンの大ファンなんですが……。

I 僕も好きです。すごくエアリーな感じがするんですよね。クラシカルな軽さがありながら、バター感はしっかりありますし。

365日の杉窪さんがプロデュースした店のクロワッサンは、どこもおいしいんですけど、名古屋の**テーラ・テー**

＊3　バゲットラビット
愛知県名古屋市名東区社口1-916
052-779-0006
9:00〜19:00　火曜・水曜休み
baguette-rabbit.com
三重県産小麦ニシノカオリの玄麦を店内の大きな石臼で挽いて、すべてのパンに使用。小麦の風味を重視したパンを地産地消で作る。

＊4　ますやパン めむろ窯
北海道河西郡芽室町
東めむろ3条南1-1-1
めむろファーマーズマーケット西隣
0155-62-6966
9:00〜17:00
(ピッツェリア10:00〜16:30LO)
木曜休み
www.masuyapan.com
地元産小麦を100%使用、穀倉地帯・十勝で親しまれるベーカリー。この支店の売りは石窯で焼くピッツァ。

＊5　ジェルメ
京都府京都市左京区浄土寺西田町3
075-746-2815
12:00〜22:00
(ランチ13:00〜15:00
ワインバー18:00〜)
月曜・第2、4火曜休み
kyoto-germer.com
まるでワインバーにしか見えないのにパンを焼いてテイクアウト販売もしている「パン屋バー」。カウンターで岡本幸一シェフがお客の顔を見ながら、料理、お菓子、パンにワインを提供。

＊6　クピド！
東京都世田谷区奥沢3-45-2 1F
03-5499-1839
10:00〜売り切れ次第終了　不定休
www.cupido.jp
フランスでクロワッサンに出合ってパン職人を志した東川司シェフ。フランス産小麦や数種類の発酵種をパンによって使い分ける。

＊7　テーラ・テール
愛知県名古屋市東区泉3-28-3 B1F
052-930-5445
8:00〜19:00　無休
www.terreaterre.jp
中部にある杉窪章匡プロデュース店。岐阜タマイズミなど地域の小麦、食材を使用する。併設のカフェでふわとろのパンケーキも提供。

カタネベーカリー
クロワッサン
110ページ

バゲットラビット
キャラメルバナナ
110ページ

クピド！
デニッシュ
（フィリングは季節により変更）
111ページ

イエンセン
スモーケア
106ページ

イエンセン
スモービアキス
106ページ

イエンセン
スモースナイル
106ページ

フランスのデニッシュ

Du Pain et Des Idées
エスカルゴ・ショコラ・ピスターシュ
114ページ

Dominique Saibron
トゥルニコティ
114ページ

ピエール・エルメ
クロワッサン・イスパハン
115ページ

テーラ・テール
クロワッサン
111ページ

セテュヌボンニデー
エスカルゴマカダミアン
114ページ

ル[*7]（―3ページ写真）が一番衝撃でした。噛んだあとの断面を見たらバターが黄色く光っていたんですよ。層が完璧にできてて、バターが溶けずに残っているんですね。だから風味があって、食感もすばらしい。

Y 杉窪さん、ブルージャム（63ページ）の厨房で、バターの折り込み方について熱く語っておられた姿が印象的でした。フランスで習った折り方だとバターが不均一になってしまうから、それに異を唱え、均一になる折り方を編み出したって。

I 同じく杉窪プロデュースのセテュヌボンニデー（31ページ）の**エスカルゴマカダミアン**（―3ページ写真）は、めちゃうまいんですよ。ピスタチオのカスタードクリームとの組み合わせです。

デニッシュにおける日本らしさとフランスらしさ

Y いま、日本のパン屋で売られているデニッシュって、どういうタイプが多いんですか？

I カスタードとフルーツの組み合わせは定番ですね。デニッシュってやっぱりフルーツと合わせるっていう感じがしちゃうんですけど、フランスでもそういう感じなんですか？

Y フルーツは、フランスにはないタイプですね。デニッシュタイプだったらクロワッサンとパン・オ・ショコラくらいかな。あと、クリームパンの章で出てきたオラネ（29ページ）みたいなパンとか。パン・オ・レザンをブリオッシュじゃなくてクロワッサン生地で作るところはあります。

I パリの **Du Pain et Des Idées**[*8]で、パン・オ・レザンじゃなくてエスカルゴ（かたつむり）って名前で売ってて、それの**ショコラ・ピスターシュ**（―3ページ写真）はめちゃめちゃうまかったです。

Y あそこはレモン&ヌガーとかいろんな種類のエスカルゴがあって、おいしいですよね。14区の **Dominique Saibron**[*9]も、**トゥルニコティ**（―3ページ写真）という名前の渦巻き状のパン、いろんな種類があっておいしいですよ。

I フランスってパンの種類が変わらないイメージでしたが、日本みたいになってきてるのかな？ パリで一番おすすめのヴィエノワズリーってありますか？

Y あれもこれもっていいたいところですが、**ピエール・エルメ**[*10]氏が期間限定で作るクロワッサンは絶品です。時期によってフレーバーが変わるんです。私はフランボワーズ（ラズベリー）とライチとバラの風味が合わさった**クロワッサン・イスパハン**（一一３ページ写真）を食べたのですが、「エルメ天才！　製菓界のピカソ！」って絶賛したくなりました。

I おいしそうですねー。マカロンを使ったケーキのイスパハンは食べたことがあって、お菓子で語った詩だと思いました。ちなみに、ローズシロップをクロワッサンにしみ込ませて食べるとおいしいですよ。

Y それはおいしそう。フランスって、池田さんがおっしゃるようにヴィエノワズリーのバリエーションも増えない印象なのです。ただ、ブルターニュ地方の郷土菓子のクイニー・アマンは流行っただけでは終わらず、そのまま作り続けてるところが多いですね。小ぶりなクイニー・アマンを売りにしているＭＯＦ（フランス国家最優秀職人章）のお店がパリにも出店してて人気ですし。

I クイニー・アマンって、ブルターニュ地方の言葉で「バターのお菓子」って意味なんですよね。

Y そうですね。配合もいろいろですが、ひとつ例を挙げると、小麦粉３００g、塩、水、イーストでパン生地を作

＊8　Du Pain et Des Idées
デュ・パン・エ・デ・ジデ
34 rue Yves Toudic 75010 Paris
dupainetdesidees.com
ハード系のパン・デ・ザミが有名なブーランジュリー。日本にも、エスカルゴなどヴィエノワズリーに特化した系列店リチュエルを出店。

＊9　Dominique Saibron
ドミニク・セブロン
77 avenue du Général Leclerc 75014 Paris
dominique-saibron.com
2008年に日本に出店し、フランスのバターを使ったクロワッサンを求めて行列ができた。2015年に日本から撤退。

＊10　ピエール・エルメ
フランス製菓界の最高峰に立つパティシエ。フォションからラデュレへと、名店のシェフ・パティシエとしてのキャリアを積み、自らの名前をつけた「ピエール・エルメ・パリ」の1号店を日本にオープンさせる。現在はフランスや日本を中心に世界に45店舗以上を展開している。
www.pierreherme.co.jp

って、そこに有塩バター250gと砂糖250gを折り込んでいきます。バターも砂糖もすごい量ですよね。で、焼いたときにバターと砂糖が合わさってキャラメルになり、ネチャッとした独特の食感が生まれるんです。フランスでは基本、料理にも無塩バターを使うのですが、ブルターニュ地方は有塩バターを使うので、甘じょっぱいです。でも、キャラメルバターのいい香りが口いっぱいに広がって、あの味は、ちょっとはまりますね。日本やパリだと小さめに焼いてあって、ヴィエノワズリーとして売られていますが、ブルターニュ地方で売っているのは大きく焼いて、**ケーキみたいに切り分けて食べるタイプ**[*11]が多いみたいです。

I　デニッシュはフレッシュなフルーツがのってるものだと思ってフランスに行くと、やや違和感を感じそうですよね。神戸にある**コム・シノワ**[*12]が、デニッシュにフルーツをいっぱいのせる手法を有名にし、日本中のデニッシュを席巻したのです。ケーキ屋でもフルーツいっぱいのところって人気ですよね、キルフェボンとか。

Y　日本人は果物大好きですものね。こうやって見ると、日本のデニッシュは、パンの世界の「タルト」なんですね。デニッシュを台にして、クリームをのせたり、果物をどれだけ彩りよくのせるかというところにパン職人は力を注ぐ。

I　パン屋さんがデザートを作ったみたいな感じか。

Y　とどのつまり、「お菓子なパン」ですね（笑）。

＊11　ケーキみたいに切り分けて食べるタイプ

＊12　コム・シノワ

兵庫県神戸市中央区御幸通7-1-15
三宮ビル南館地下
078-242-1506
8:00〜19:00 水曜休み（不定休あり）
comme-chinois.com
現サ・マーシュの西川功晃シェフが辣腕をふるった店。その日に届いた季節の食材をすぐパンにする手法が衝撃を与えた。

Column 3

アンデルセン創業物語

1947年、大陸から復員し、引き上げてきた高木俊介とアンデルセンの創業者である彬子が広島で結婚し、売り始めたものは、野草だんごと海藻だんごだった。いまのアンデルセンの華やかな店先からは想像もできないことだ。

その約1年後、広島市比治山に**「タカキのパン」**を開業。俊介の心にあったのは、シンガポール抑留時代に食べたイギリス流の山型食パンだった。手作りのレンガ窯に、リヤカーを引いて彬子が集めてきた薪をくべてパンを焼いた。製粉機も導入、配給の黒っぽい小麦粉を預かり、製粉機でふすまをとり除いた白い粉にして作ったパンを返した。ふすまをとり除けばかさは減るけれど、それでもおいしいパンを食べたいという希求に応えたのだ。値段は高くても闇市で砂糖やバター、卵を仕入れ、新聞紙が普通だった包装紙も白い紙を使った。上質な生活を提供するという理念はアンデルセンを他のパン屋から差別化し、成功の原動力となる。

たくさんの店舗を構え、神戸から呼んだ料理人に本格的サンドイッチを作らせる「本通サービスセンター」も成功させていた1959年、俊介は日本パン技術研究所主催の欧州視察に参加する。48時間かけてプロペラ機でヨーロッパへ渡り、イタリア、フランスなど9ヶ国をまわった。最後に訪れたのは、デンマーク。ホテルの朝食で供されたデニッシュペストリーを食べた俊介はひと言、「これは何でしょう?」。俊介の全身に稲妻のようなインスピレーションが走ったのだろう。すぐ日本に打電した。職人たちは見たこともないパンを再現しようと試行錯誤を繰り返し、失敗の山が築かれた。デニッシュペストリーが商品化されたのは3年後の1962年。それはアメリカンタイプのデニッシュで、高木俊介が食べたデンマークのデニッシュとは違っていた。

1967年に、ベーカリーとレストランを融合させた巨大な旗艦店「**広島アンデルセン**[2]」が完成した翌年、デンマークから技術者、**ウォルター・ヤン・ピーターセン**[3]が来日、本物のデニッシュを伝えた。生地中にも油脂が入るアメリカのデニッシュと違い、折り込み油脂だけが使われるので、パイのようなサクサクした食感がある。アンデルセンの職人は、高木俊介を感動させたあのデニッシュペストリーを作り出す術を学んだ。

1970年、**青山アンデルセンが開店**[4]。「青山通りにコペンハーゲンの街角を持ってきました」というキャッチフレーズで、中心にデニッシュを据え、大きな成功を収めた。いまでは日本中のパン屋で見られるダークチェリーのデニッシュもこのとき並んだものだ。

アンデルセンのデニッシュのおいしさの秘密は、小麦粉のブレンド比率。そのバランスがサクサク感を左右する。3つ折りを3回、生地を冷蔵庫で休ませながら折る。低めの温度で発酵をとるなど工程の途中で、バターを溶かさない工夫を随所に凝らす。

日本人のほとんど誰もが見たことのなかったデンマークのパンを、青山で。やがては、同じ品質のものを日本中で食べられるようになったのは、アンデルセンの大きな功績なのである。（I）

参考文献：『アンデルセン物語』（一志治夫著、新潮社）、『ふでばこ』20号（白鳳堂）、『まいにち、パン。』（城田幸信著、主婦と生活社）

1

1

3

2

4

4

アンデルセン

www.andersen.co.jp
1959年、創業者がデンマークで出合ったデニッシュに感銘を受け、日本で最初のデニッシュペストリーを発売。デンマークをお手本にしつつ、小麦畑の研修施設を運営するなど、パン文化の紹介に務める。

アップルパイ

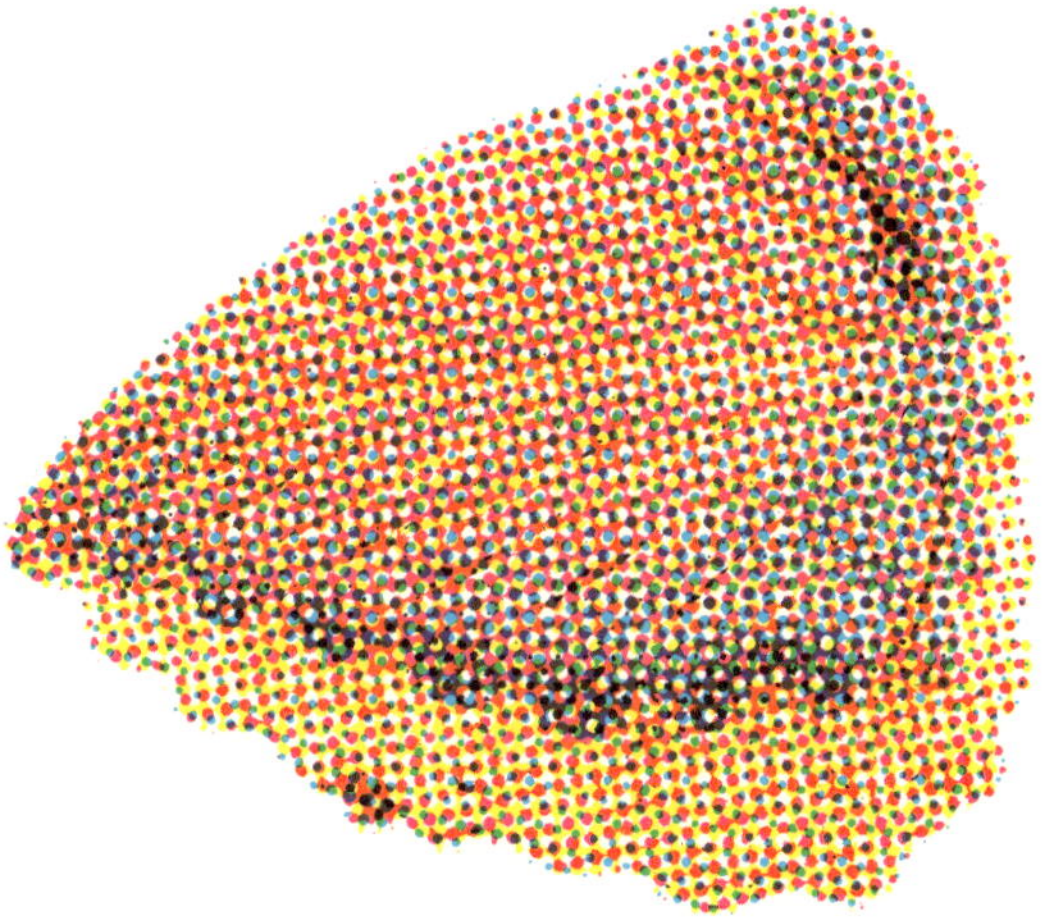

りんごは可能性を秘めた果物である

Y　りんごは日本でも手に入りやすいので、りんごを使ったお菓子のレシピを考えることは、菓子研究家の私にとって大きなミッションなんです（笑）。ヨーロッパでもりんごは最も身近な果物なので、いつもアンテナを張っていました。以前、雑誌の企画で、りんごのお菓子を求めてノルマンディ地方を旅したことがあります。そのときに出合ったりんごパンがとてもおいしくて……。地元のパン職人さんが作ってくださったもので、ハード系のパン生地にいちょう切りにした生のりんごを練り込んだだけなのですが。

I　ノルマンディはりんごの産地なので、それは本当においしいでしょうね！

Y　パリでは食べたことのないタイプのパンでした。パンが焼ける熱で、りんごにも火が入り、しっとりとやわらかくて、でも甘煮のようにベタベタしてなくて、すごくおいしかったです。

I　僕も以前、パン業界の巨匠・**山﨑豊**[*1]さんが、生のりんごをそのまま混ぜてバゲットを作ったのを食べたことがあります。生地にりんごの果汁がしみ出ていることも相まって素敵なおいしさでした。

Y　バターを塗って食べてもおいしそうですね。

I　ロワンモンターニュ（99ページ）でフレッシュなりんご入りの蒸しパンを食べたことがあり、それもさわやかでみずみずしく、意外なほどのおいしさでした。フレッシュなりんごを入れたパンには可能性があると思います。

　これはフレッシュなりんごではないのですが、ブルターニュ地方のMOF（フランス国家最優秀職人章）、リュドヴィック・リシャールさんが監修している**ヴァン・ドゥ・リュド**[*2]というパン屋さんには、**リンゴのそば粉パン**（132ページ写真）があります。りんごとそば粉の相性はすごくいいです。そば粉のガレットとりんごのシードルが名物のブルターニュらしいパンです。

Y　まさに同産地のマリアージュですね。ノルマンディ地方とブルターニュ地方は隣り合わせで気候が似ているので、りんご、そば粉、バターなどの特産物もかぶるんですよね。

I　ブリーチーズはノルマンディから少し下ったパリが

あるイル・ド・フランスの名物ですが、**CAMELBACK sandwich & espresso**[*3]に、**「ブリーチーズ、りんご、蜂蜜のハーモニー」**（132ページ写真）という、バゲットサンドがありすごくおいしいです。少しずつの甘さの重なりが大きなハーモニーを生んでいます。

Y 欧米だとりんごは料理にも使いますよね。ローストポークとアップルソースとか。フランスだったらブーダン・ノワール（血入りの黒いソーセージ）にりんごのソテーを添えたりします。りんごってちょっと甘味のある野菜ととらえるといろいろ広がりますね。

I そもそもアップルパイって……アメリカですよね。

Y ルーツはりんごそのものをもたらしたヨーロッパの可能性が高いですが、いまやアメリカを代表する食べ物ですね。『食べるアメリカ』（平松由美著、駿々堂出版）には、アメリカ人の大好きなものって、マザー、星条旗、アップルパイだと書かれています。りんごの切り方、前もってりんごを加熱しておくかしないか、パイ生地を上にもかぶせるかかぶせないかなど、100人のマザーがいたら120通りのアップルパイの作り方があるとか。100人で100通りではないところが興味深いです。

I アップルパイは**粉花**[*4]（132ページ写真）という浅草のパン屋さんがいいですね。見た目がすごくきれいなんです。

＊1　山﨑豊
ブルディガラ、日本のジェラール・ミュロの立ち上げを行ったスーパーシェフ。ヨーロッパで長く経験を積み、西洋の食文化に造詣が深い。現在は日本やアジアで技術指導に当たる。

＊2　ヴァン・ドゥ・リュド
東京都世田谷区等々力2-19-15
03-6809-7405
10:00～20:00　不定休
www.palaisdepain.co.jp
ブルターニュ地方を拠点とするMOF、リュドヴィック・リシャール氏監修。そば粉、ゲランドの塩、発酵バターなどブルターニュ地方にちなんだ食材を使用。

＊3　CAMELBACK sandwich & espresso
東京都渋谷区神山町42-2 1F
03-6407-0069
10:00～19:00　月曜休み
www.camelback.tokyo
元寿司職人が365日、タルイベーカリー、カタネベーカリーのバゲットそれぞれに合わせ、感性と技術を駆使して作るサンドイッチとエスプレッソの店。

＊4　粉花
東京都台東区浅草3-25-6 1F
03-3874-7302
10:30～売り切れ次第終了
（カフェは不定期営業）
日曜～火曜・祝日休み
asakusakonohana.com
ぶどうから起こした発酵液種と国産小麦で作るパンが評判のベーカリーカフェ。店内には姉妹が集めたかわいいものも並んでいる。

レシピ1

りんごの甘煮（ポム・ポッシェ）

材料／作りやすい分量

りんご――1個（約250g）
水――200ml
砂糖――20g

作り方

1 りんごをよく洗い、皮と芯を除いて16等分のくし形に切る。皮はとっておく。

2 鍋に分量の水、砂糖、**1**のりんごの皮を入れ、強火にかける。

3 **2**が沸騰したら弱火にし、**1**のりんごを加える。

4 落とし蓋をして20分ほど煮る。

レシピ2

焼きりんご(ポム・オ・フール)

材料/作りやすい分量

りんご(あれば紅玉)――1個
砂糖――10g+5g
バター――10g
シロップ
水――100ml
砂糖――10g

作り方

1 りんごはよく洗い、底が抜けないように注意しながらスプーンで芯をくり抜き、フォークで全体に穴をあける。

2 耐熱容器に**1**をのせ、りんごの中心の穴や皮に、砂糖10gとバターをまぶしつける。

3 180℃に予熱したオーブンで30分焼く。

4 小鍋にシロップ用の水と砂糖を入れ、強火にかけて砂糖を煮溶かす。

5 オーブンからとり出したりんごに**4**のシロップをかけ、砂糖5gをまぶす。

6 **5**を再びオーブンに入れ、さらに30分焼く。途中2回ほど、オーブンを開けて耐熱容器にたまった汁をりんごにまわしかける。(Y)

いい焼き色でテカテカしてました。

Y　最近のパン屋さんでりんごを使ったパンって、どんなものが主流ですか？

I　パン屋さんにはアップルパイもありますが、デニッシュの方が目につきますね。りんごの季節になると徳多朗（23ページ）に林檎のデニッシュが登場します。甘さの中に酸味が走り抜けていくのが、デニッシュのバターと相まって楽しい。マダムの徳永久美子さんが、青森の農家さんから届いたりんごを丁寧に煮詰めているところを見たことがあります。ピンク色に染まった見た目も素敵ですが、作る姿にすごく愛情が込もっていました。

Y　それは食べてみたいです。

コンポートは compote にあらず

I　パリの Poilâne（15ページ）の**ショソン・オ・ポム**（→32ページ写真）を食べたときは本当に感動しましたね。何じゃこりゃっていうくらいに。中のりんごもパイ生地も。素材の感動ですね。

Y　シンプルさの極みとでもいいましょうか、粉とバターとりんごだけなのに、しみじみおいしい。生地のおいしさも大事です。以前、池田さんが「あんぱんでもカレーパンでも、生地だけを食べる瞬間に、パン職人の技がわかります。生地だけのところを食べておいしくないと思われたら、パン職人の負けです」っておっしゃっていましたが、パイ生地にも同じことがいえると思います。

I　Poilâne のショソン・オ・ポムの、濃密な小麦の風味とりんごのおいしさが高め合う感じは忘れられないです。

Y　フランスは粉やバターもそうですが、りんごも違うんですよね。水っぽくないし、紅玉みたいな調理向けの品種がたくさんあるんです。Poilâne はりんごのタルトレットもおすすめです。あと、よく食べていたのが **Fauchon**[*5] のショソン・オ・ポムですね。

I　フランスのショソン・オ・ポムと日本のアップルパイの違いを教えてください。

Y　フランスのショソン・オ・ポムは、クロワッサンやパン・オ・ショコラと違って、折り込みパイ生地で作られるヴィエノワズリーの一種です。中に**りんごの compote（コ**

ンポート)[*6]が入っています。日本のアップルパイは表面に格子模様のパイ生地がのっていて、中に生のりんごかフリュイ・ポッシェが入っていますよね。

I　フリュイ・ポッシェ？　あのサクサクしたりんごってコンポートじゃないんですか？

Y　日本で「コンポート」と呼ばれているものは、フランス語では「fruits pochés（フリュイ・ポッシェ）」といいます。フリュイ・ポッシェは果物を甘く煮て形をちゃんと残したもの。フルーツの缶詰みたいな甘煮ですね。フランスのコンポートはコンフィチュールみたいに果物の原形がなくなったものです。

I　ええっ！　じゃあ、コンポートとコンフィチュールってどう違うんですか？

Y　コンポートはコンフィチュールと比べて加える砂糖の量が少ないので、あまり日持ちしません。りんごが定番で、その他、洋梨やアプリコット、桃などがあります。

I　コンポートとコンフィチュールとフリュイ・ポッシェはどういう風に使い分けられているのですか？

Y　コンポートはデザートや離乳食、コンフィチュールはパンに塗る、フリュイ・ポッシェはデザートを作る上での素材として使われているでしょうか。

I　ああ、フランスのヨーグルトの底とかに入っているの

＊5　Fauchon Paris
フォション・パリ
24-26, 30 place de la Madeleine
75008 Paris
www.fauchon.com
パリのマドレーヌ広場で100年以上店舗を構える老舗。紅茶やジャムだけでなく、あらゆる食材をとり揃える高級食料品店であり、パンやお菓子も高い評価を得ている。

＊6　りんごのcompote（コンポート）

実験

おいしいりんごパンを作る

果物の中でも手に入りやすいりんご。「フレッシュなりんごを入れたパンには可能性がある」等々の池田さんの言葉に刺激を受け、りんごとパンでおいしいりんごパンを作ったり、おいしい組み合わせを探求してみる。生のままはさんだりんごのみずみずしさ、チーズと一緒にトーストしたときのりんごのほのかな甘さ、パンと合わせたときのりんごの甘煮や焼きりんごの相乗効果的おいしさなど、次々と新しい表情を見せるりんごたち。パンという扉から、新しいりんごの世界がまた広がった。（Y）

食パン＋バター
りんご＋カマンベール

食パンにバターを塗り、皮つきのままできるだけ薄く切ったりんごをのせる。さらに厚さ5㎜に切ったカマンベールをのせ、オーブントースターで焼く。好みで黒こしょうをふりかける。

バゲット＋バター
りんご

バゲットを水平に2等分にし、一方にバターを塗る。皮つきのまま薄く切ったりんごを並べ、もう一方のバゲットではさむ。

食パン＋バター
りんごの甘煮＋シナモンパウダー
ホイップクリーム

食パンにバターを塗り、オーブントースターで焼く。焼き立てにりんごの甘煮（124ページ）をのせ、シナモンパウダーをふりかけ、ホイップクリームを添える。

食パン＋バター
ブルーチーズ＋りんご
＋
はちみつ

食パンにバターを塗り、細かくちぎったブルーチーズをのせ、オーブントースターで焼く。焼き立てに皮つきのまま細切りにしたりんごをのせ、はちみつをまわしかける。

クロワッサン
カラメルりんご＋フレッシュローズマリー

りんご1個を皮をむいていちょう切りにし、砂糖40gと水大さじ1で作ったカラメルの中に入れ、水分がなくなるまで煮詰めてカラメルりんごを作る。真ん中から横に切り込みを入れたクロワッサンをオーブントースターで焼き、カラメルりんごとちぎったローズマリーの葉をはさむ。

ブリオッシュ
焼きりんご
ホイップクリーム

焼きりんご（125ページ）にトーストしたブリオッシュとホイップクリームを添える。

がコンポートなんですね。ショソン・オ・ポムのときはそれを使うと。

被災地にりんごの希望を灯そう

Y　池田さんは、東北の復興事業として、陸前高田市にりんごの木を植えてらっしゃいますよね。

I　海が見える丘にりんごの木があるすばらしい景観の土地です。りんご畑は津波や農家の高齢化で、少なくなりつつありますが、逆に増やして、たくさんの人が訪れる場所にしたいと思っています。フランス中部のサントル＝ヴァル・ド・ロワール地方にある**Hôtel Restaurant Tatin***7はタルト・タタン発祥の地で、辺鄙《へんぴ》なところにあるそうなんですが、それを食べるためだけに多くの人が訪れるそうです。そんな名物になるような、りんごを使ったパンのあるパン屋を作るのが夢なんです。

Y　実際に、収穫したりんごでパンを作ってるのですか？

I　傷があったり着色が少なくて値段がつかないけれど、食べる分には問題がないりんごをパン屋さんに使っていただいて、支援してもらっています。冒頭で紹介した、山﨑豊さん、ロワンモンターニュのパンはその一環です。2014年の秋にボネダンヌ（63ページ）が、陸前高田のりんごを使ってマドレーヌ生地を台にした**りんごのタルト**（132ページ写真）を作ってくれました。りんごの果汁がマドレーヌにしみ込んでですごくおいしいです。

Y　写真を見ると**タルト・フィンヌ***8みたいですね！

I　みなさん工夫してパンを作ってくれました。本当に頭が下がります。同じ素材で競作するとすごくおもしろいということがわかりました。その人のキャリアや、素材への感性がすごく出る感じですね。

Y　そうでしょうね！　他にはどんなパンが？

I　nukumuku（35ページ）はりんごのコンポートとスティック状のチョコを合わせたり（**りんごのコンポートとチョコバトン**、132ページ写真）。大阪の下町の店**グロワール***9は窯でセミドライにしてから、カルヴァドスでマリネして、パンに混ぜ込んだり。茗荷谷にある**マールツァイト***10というパン屋さんは、**焼きりんご**（132ページ写真）を作ってくれました。やはり果汁が出るので、汁を丁寧にりんごに戻していました。素材への感謝があるからなんでしょうね。そこまでしてくれることに感動しました。

Y　焼きりんごは汁をかけた数だけおいしくなりますから。

I　ル・プチメック（67ページ）の西山さんも、りんご農家さんが東京に来てくれたときに、焼きりんごを作ってくれました。「50年りんごを育てているけど、こんなうまいものは食べたことがない」とおっしゃってました。西山さんも、フランスの修業時代に、オーブンで焼いただけのりんごがお菓子になるんだということに驚いたと。フランスの伝統が生んだ調理法は本当にすばらしいと思います。

Y　りんごだけでなく、果物のオーブン焼きはフランスの家庭でも作られているデザートです。焼きりんごを作ってパンと一緒に食べる！ってどうですか？

I　焼きりんごにホイップクリームとブリオッシュとか、おいしいと思います。りんごの汁とクリームでブリオッシュいくらでも食べられちゃうみたいな。他にも、りんごとパンのおいしい食べ方があったら、僕もうれしいです！

Y　やってみましょう。りんごとパンのおいしい食べ方、菓子研究家としては腕が鳴る実験です（笑）。

▼レシピ1—**りんごの甘煮（ポム・ポッシェ）**　→124ページ
レシピ2—**焼きりんご（ポム・オ・フール）**　→125ページ
▼実験1—**おいしいりんごパンを作る**　→128ページ

＊7　Hôtel Restaurant Tatin
オテル・レストラン・タタン
5 avenue de Vierzon 41600
Lamotte Beuvron
www.hotel-tatin.fr
フランス語ではHôtelを「オテル」と発音する。サントル＝ヴァル・ド・ロワール地方の小さな町に19世紀から存在するホテル・レストラン。ここを経営していたタタン姉妹が、型に先にりんごを入れてしまったところ、上から生地をのせ、ひっくり返してタルトにするという機転をきかせて生まれたのがタルト・タタンである。

＊8　タルト・フィンヌ
フランス語で「薄いタルト」の意。タルトレット・フィンヌと呼ぶお店も。パイ生地に薄切りのりんごを並べ、砂糖とバターを散らして焼いただけのシンプルなタルト。パリではりんご以外にアプリコットも見かける。

＊9　グロワール
大阪府大阪市旭区大宮3-18-21
0120-517314
7:00～20:00　水曜休み
www.gloire.biz
地域密着の下町のパン屋さんにして、パネトーネ食パンや金ゴマ食パンなどオンリーワンを次々と発表するユニークな存在。

＊10　マールツァイト
東京都文京区大塚3-15-7
03-5976-9886
11:00～19:00　日曜・祝日休み
www.mahlzeit.jp
牛乳から起こしたミルク酵母を使用。国産小麦と相まって、まろやかでやさしい甘さが特徴的。

Poilâne
ショソン・オ・ポム
126ページ

ボネダンヌ
りんごのタルト
130ページ

nukumuku
りんごのコンポートとチョコバトン
130ページ

マールツァイト
焼きりんご
130ページ

ヴァン・ドゥ・リュド
リンゴのそば粉パン
122ページ

CAMELBACK sandwich & espresso
ブリーチーズ、りんご、蜂蜜の
ハーモニー
123ページ

粉花
アップルパイ
123ページ

シナモンロール

シナモンロール、爆発的に流行る

Y　『パンラボ』（白夜書房）のシナモンロールの章を読んだのですが、池田さん、シナモンロールの魅力について熱く語ってますね！

I　熱く語ってますけど、まとめると「シナモンロールは麻薬です」というひと言です。

Y　まとめ過ぎじゃないですか（笑）。

I　僕はシナモンロールの芯に巻き込まれたいです。

Y　ハハッ。

I　シナモンロールを食べることは、中心に向かって外側から一歩ずつ歩を進めていく旅です。中心のヒヤリとした甘さを想像しつつ、ドキドキしながら。シナモンシュガーも中心の方が濃度が濃くなっていきますから。

Y　日本でシナモンロールが爆発的に流行ったのって、いつ頃だったんでしょうか？

I　正確な数字はわかりませんが、アメリカの**シナボン**[*1]（136ページ写真）の日本上陸と映画**「かもめ食堂」**[*2]。このふたつがシナモンロールの火つけ役です。

Y　調べてみたところ、シナボンの上陸は1999年、吉祥寺に1号店がオープン。「かもめ食堂」の上映は2006年だそうです。7年の時差はあるんですね。

I　シナボンは、いまも人気のパンケーキとか、クロワッサンドーナツみたいに仕掛けられたブームというイメージです。「かもめ食堂」は、ポストオリーブ的なほっこりブームと北欧デザインブームが一体化して起こった感があります。僕の大雑把な把握ですけど。

Y　いま、日本にあるシナモンロールの味や形にも、前者のアメリカ系シナモンロールと、後者の本場北欧系シナモンロールに分かれませんか？

I　おっしゃる通りです。ただ日本にある北欧系は、シナモンロールの母国スウェーデンと、フィンランドのものは区別した方がいいでしょう。

Y　アメリカ系と北欧系、それぞれのおすすめのお店を教えてください。

I　アメリカ系は**ディーン&デルーカ**[*3]、**ブラフベーカリー**[*4]、**紀ノ国屋**[*5]。北欧系は**ブーランジェリーレカン**[*6]、**moi**[*7]、**ムー**

ミンベーカリー&カフェ[*8]、**自由が丘ベイクショップ**[*9]（紀ノ国屋以外共に136、137ページ写真）。

Y さすがですね。

I いま、挙げたお店は全部、生地はデニッシュ生地ではなく、菓子パン生地です。僕の印象では、デニッシュ生地よりも、菓子パン生地の方が主流だと思います。**スターバックス**[*10]も菓子パン生地です。100回ぐらい食べてるので間違いないです（笑）。

Y 『パンラボ』でもスターバックスのシナモンロールをとり挙げてましたよね。

I スターバックスのシナモンロールに何ではまるのか、最近わかった理由。「温めますか？」って聞かれて、「はい」と答えると、オーブンで温めてもらえるんですが、あれがスターバックスオリジナルのオーブンで、焼き菓子やサンドイッチを温めるとバターの香りが増しておいしくなるんだそうです。

Y 魔法のオーブンですね。

I あんぱんとかも自宅の電子レンジで20秒ぐらいチンすると、しっとりというか、プクッとした感じになりますね。

Y でも、電子レンジで温めた場合、冷めると劣化が激しくないですか？　私は加熱するならオーブントースター派です。

＊1　シナボン
www.cinnabon-jp.com
1985年にシアトルで誕生、世界に約1000店舗で展開。シナボンオリジナルで栽培・精製されたマカラシナモンを使用。ベーカリーでの焼き立てのシナモンロールは、しっとりモチモチ。

＊2　かもめ食堂
小林聡美・片桐はいり・もたいまさこ主演。フィンランド・ヘルシンキでロケを行った。作中に出てくるおいしそうなシナモンロールは人気フードコーディネーター、飯島奈美によるもの。

＊3　ディーン&デルーカ
www.deandeluca.co.jp
ニューヨークの食料品店が日本で展開。食のセレクトショップで、ベーカリーも充実。スコーンやマフィンなど、サイズ感やフィリングのとり合わせがアメリカ発の店らしい。

＊4　ブラフベーカリー
神奈川県横浜市中区元町2-80-9
モトマチヒルクレスト1F
045-651-4490
8:00～18:30　無休
www.bluffbakery.com
スーパーシェフ栄徳剛さんが、一軒家でオールスター級のアメリカのパンを作るというコンセプトの店。

＊5　紀ノ国屋インターナショナル
東京都港区北青山3-11-7
AoビルB1F
03-3409-1231
9:30～21:30　無休
www.e-kinokuniya.com
高品質の食材を扱うスーパーマーケットチェーン。紀ノ国屋インターナショナルの、ヨーロッパからアメリカ、中東まで世界中のパンが並ぶ棚は圧巻。

＊6　ブーランジェリーレカン
東京都中央区銀座5-11-11F
03-5565-0780
10:30～21:00　無休
www.lecringinza.co.jp/boulangerie
名フランス料理店、レカンでも使用されるバゲットなどハード系をメインに、割田健一シェフの遊び心を加えたパンが並ぶ。

ブーランジェリーレカン
シナモンロール
134ページ

moi
シナモンロール
134ページ

ムーミンベーカリー&カフェ
シナモンプッラ
134ページ

シナボン
シナモンロール
134ページ

ディーン&デルーカ
シナモンロール
134ページ

ブラフベーカリー
シナモンロール
134ページ

自由が丘ベイクショップ
シナモンロール
135ページ

セイロン
シナモンロール
142ページ

フランスとイギリスで見つけた渦巻き状のパン

Rroll
ロールパン
143ページ

チェルシーバンズ
146ページ

I　はい。電子レンジの場合は、温かいうちに食べましょう（笑）。
　スターバックスでは温めてもらえる上に、30円プラスするとホイップクリームをつけてもらえるんですよ。さらに、カウンターにシナモンが置かれているので、それをホイップクリームにふりかけます。このシナモンホイップクリームをシナモンロールにつけながら、ナイフとフォークで食べます。人から教えてもらったのですが、僕は一度やって、中毒になりそうだったので封印しました（笑）。
Y　通っぽくていいですね。今度、ぜひやってみます。

スパイスの香りとユニークな形に魅せられて

Y　話は戻りますが、アメリカンタイプの作り方は、広げた菓子パン生地に溶かしバターを塗ってシナモンシュガーをふり、ロールケーキみたいに巻いてカットして焼く。仕上げにアインシングシュガーをトロトロッとまわしかける、という感じでしょうか。
I　アメリカのは「cinnamon bun（シナモンバン）」ともいいますよね。シナモンバンは高さがあって、バーンと膨らんでてモチモチしてますよね。北欧のはもっと詰まってるイメージです。シナモンロールの歴史としては、アメリカより北欧の方が古いと思いますが。ゆりこさんが、北欧で食べたのはどんな感じでした？
Y　トップはアイシングではなくパールシュガーがパラパラと散らしてある印象です。フィンランドやスウェーデンは、ほとんどがパールシュガーだったと思います。ただ、デンマークの記憶があまりなくて。ちょっと調べたんですが、パールシュガーよりもアイシングの方がポピュラーみたいですね。
I　僕が好きなイエンセンのスモースナイル（1-2ページ写真）って、あれデンマーク版のシナモンロールじゃないですか。アイシングものってますし！
Y　そうかもしれません。そして、シナモンと同じくらい鼻をつくカルダモンの香りが印象的でした。
I　北欧系シナモンロールを特徴づけるのはカルダモンですね。ブーランジェリーレカンのシナモンロールも強烈な印象です。「かもめ食堂」の舞台として使用された食堂、カハヴィラ・スオミからやってきた研修生が置いていった本場のレシピで作られるそうです。

Y　北欧でシナモンロールを食べると、シナモンではなく、カルダモンの香りに病みつきになりますね。カルダモン最強です。

I　砂糖とスパイスの割合のバランスが日本人の感覚を逸脱してますよね。

Y　本当に。「スパイシーパン」と命名してもよいくらいのスパイスですよね。

形に関していうと「かもめ食堂」でも映像化されているのでご存じだと思いますが、フィンランドのが個性的でした。形が似ているというので「コルヴァプースティ（ビンタされた耳）」という名前だったんです。

I　フィンランドは伝統的にこの形ですよね。生地を巻き込んで筒状にし、台形にカットし、中心部を人差し指一本で押すんです。そうすると、断面が上を向いて、つぶれた耳というか、めがねみたいな形ができます。すごくおもしろいなーと思いました。

Y　デンマークやノルウェーはスネイル（かたつむり）、つまり**渦巻き型**[*11]。パン・オ・レザンみたいな平たい渦巻きで、アメリカみたいに高さがないですね。スウェーデンの形が複雑なのですが、**ノット型**[*12]（編んだような独特の形）

＊7　moi
東京都武蔵野市吉祥寺本町2-28-3
グリーニイ吉祥寺1F
0422-20-7133
月曜・木曜・金曜11:30～19:00、
水曜11:30～18:00、
土日祝12:00～19:00
火曜休み
インテリアもメニューもフィンランドを意識したカフェ。フィンランド家庭に伝わるレシピを元に、本場の味にこだわったシナモンロールが名物。

＊8　ムーミンベーカリー＆カフェ
東京都文京区春日1-1-1
東京ドームシティ ラクーア1F
03-5842-6300
8:00～22:00LO
（日祝・連休最終日～21:00LO）
不定休（ラクーアに準ずる）
benelic.com/moomin_cafe
フィンランド・ヘルシンキで創業200年以上の老舗エクベリもお墨つきを与えたプッラ。ハパンリンプ、ペルナリンプなどフィンランドのパンも売る珍しいベーカリーカフェ。

＊9　自由が丘ベイクショップ
東京都目黒区自由が丘2-16-29
IDEE SHOP Jiyugaoka 4F
03-3723-2040
8:30～20:00（土日祝～22:00）
不定休
www.bakeshop.jp
ベーカリー、お菓子、料理、カフェと4つの領域をクロスオーバーさせる。ノット型のシナモンロールとコルヴァプースティ型を焼き分ける。

＊10　スターバックス
www.starbucks.co.jp
1996年、日本に上陸したアメリカのスペシャルティコーヒーストア。アメリカでは1986年にシアトルで開業。エスプレッソをメイン商品に、歩き飲みが可能なスタイルで販売し、シアトルスタイルカフェブームを巻き起こした。シナモンロールやスコーンなど、アメリカらしいパンも充実。

実験1

いろいろなスパイスやハーブでトーストを作る

シナモンシュガーやバニラシュガーはポピュラーになってきたが、他のスパイスやハーブとも合うのではないかという好奇心から始まった実験。食パンをトーストしてバターを塗り、スパイス／ハーブトーストを作る。スパイスではピンクペッパー、ナツメグ、アニスシード、クミンシード、カルダモン、オールスパイス、キャラウェイシード（写真上段左から右、下段左から右）、ハーブではローズマリー（写真右下）を、甘味料は砂糖の中でもふりかけやすいグラニュー糖とはちみつを使い、試してみた。ベストな組み合わせは左の2種類。（I＆Y）

キャラウェイシード
+
グラニュー糖

キャラウェイシードやカルダモンなどの香りが独特で華やかなものは、グラニュー糖のすっきりとした甘さが香りをより際立たせることがわかった。

ローズマリー
+
はちみつ

ローズマリーとはちみつは鉄板の組み合わせだが、ナツメグやオールスパイスなどの香りが強烈なものも、はちみつとの相性が相乗効果をもたらすことがわかった。

をしていました。共通しているのは、層になった部分がきちんと見えることでしょうか。

I アメリカ型も断面を立てますよね。断面を見せたい欲望は双方にあると思います。

Y シナモンシュガーの縞々は見せたくなりますね。

アメリカンタイプは極甘な印象ですが、北欧のはアメリカのほど甘くなかったです。といってもアメリカのは比較できるほど食べたことがないのですが。

I 僕の体験も、シナボンとスターバックスがほぼすべてです。シナボンでいうなら、アイシングがとろけて、かなり甘い印象ですよね。そして、シナモンの香りが強烈です。最初は「うっ」となってしまうのですが、一度受け入れてしまうと、病みつきになってしまう。あのシナボンの売り方は衝撃を受けました。シナモンの香りをそこら中に巻き散らしてアピールする。うなぎ屋の煙みたいな。

Y 匂いにつられてうっかりってやつですね。

I **セイロン**[*13]というシナモンロール専門店があり、そこの**シナモンロール**（I-37ページ写真）も衝撃を受けました。シナモンをスリランカから輸入してるんです。香りだけでもトリップできる感じです。

Y シナモンといえばスリランカ産は上質ですよね。

スパイスを集めてシュガートーストを作る

I シナモンシュガートーストとか食べますか？

Y 大好きです。最近はオールスパイスシュガートーストもやります。**パン・デピス**[*14]を作ったときに買ったオールスパイスがたくさん余ってて。

I それいい！ 思いつかなかった。

Y ジンジャーパウダーもおいしいですよね。ジンジャーシュガートースト！ オールスパイスは、はちみつにも合います。

I さっきおいしいシナモンロールのお店で挙げたムーミンベーカリー&カフェは、シナモンだけでなくカルダモンやジンジャーも入っているのですが、日本人的な味覚に合うシナモンロール（商品名はシナモンプッラ）になってます。

Y それはおいしそう。食べてみたいです！

I　砂糖にいろんなスパイスを合わせてスパイスシュガーを作って、食パン＋バター＋スパイスシュガーの実験って楽しそうですね。

Y　砂糖はふりかけやすいグラニュー糖を使って、はちみつも候補に入れてはどうですか？

I　はちみつだったらローズマリーパウダーとか合いそうです！

▼実験１――**いろいろなスパイスやハーブでトーストを作る**
↓１４０ページ

イギリスや日本にもあった渦巻きパン

Y　アメリカ系のシナモンロールって、深さのあるスクエア型で作るイメージがあります。

I　シナボンもくっついたのを切り離してサーブしていたような……。

Y　２０１４年に『パリのおいしい店とモノ 70のアドレス』（誠文堂新光社）で、パリのお店を取材したとき、**Rroll**[*15]（１３７ページ写真）という渦巻き状のロールパンの専門店を始めたマダムがいて、その方はアメリカのレシピ本を

＊11　渦巻き型

＊12　ノット型

＊13　セイロン
神奈川県川崎市多摩区登戸1813
044-911-9017
14:00～売り切れ次第終了
（土曜11:00～）
月曜・木曜・日曜・祝日休み
ceylon.jp/
スリランカで出合ったシナモンのおいしさを伝えたくてシナモンロール専門店を開店。豆乳を使った甘さ控え目で、プクッとした食感も魅力。

＊14　パン・デピス
フランス語で「スパイスブレッド」の意。はちみつで甘味をつけて数種のスパイスを加え、ヨーロッパ最古のお菓子といっても過言ではないほど昔から存在している。カステラ風のものからクッキー風のものまで形や食感も様々で、フランスではブルゴーニュ地方やアルザス地方のものが有名。

＊15　Rroll
ロール
3 rue Francoeur 75018 Paris
rroll.fr
モンマルトルの丘の近くにあるロールパンの専門店。アメリカとスウェーデンのシナモンロールにインスピレーションを受け、食事として食べる塩味のロールパンとデザートやおやつとして食べられる甘いロールパンを提供している。

実験2

食パンでシナモンロールもどきを作る

シナモンロール

材料／1人分

食パン（8枚切り）——1枚
無塩バター（なければ有塩バター）——15g
砂糖——大さじ1＋小さじ½
クリームチーズ——1個（18g）
シナモンパウダー——小さじ½＋少々

作り方

1 食パンの耳を切り落とし、縦に4等分に切る。
2 バター、砂糖大さじ1、シナモン小さじ½を混ぜ合わせ、1に塗る。
3 2のそれぞれをクルクル巻き、端をつまようじで留める。
4 アルミホイルの上に3を並べ、オーブントースターで全体がきつね色になるまで焼く。冷めてから、つまようじをとる。
5 クリームチーズと砂糖小さじ½を混ぜ合わせて4の上に塗り、シナモン少々をふりかける。

ジンジャーロール

材料／1人分

食パン（8枚切り）——1枚
無塩バター（なければ有塩バター）——15g
砂糖——大さじ1＋小さじ½
しょうがのすりおろし
（なければジンジャーパウダー）——小さじ½＋少々
クリームチーズ——1個（18g）

作り方

1〜4までは「シナモンロール」と同じ。ただし、作り方2のシナモンの代わりに、しょうが小さじ½を使う。

5 クリームチーズと砂糖小さじ½を混ぜ合わせて4の上に塗り、しょうが少々をのせる。

レモンロール

材料／1人分

食パン（8枚切り）——1枚
無塩バター（なければ有塩バター）——15g
砂糖——大さじ¼
アイシング
　粉砂糖——大さじ1
　レモン汁——小さじ½
レモンの皮——少々

作り方

1〜4までは「シナモンロール」と同じ。ただし、作り方2の砂糖は大さじ¼に、シナモンは加えない。

5 粉砂糖とレモン汁を混ぜ合わせ、アイシングを作る。

6 5を4の上にかけ、細く切ったレモンの皮をのせる。

コーヒーロール

材料／1人分

食パン（8枚切り）——1枚
無塩バター（なければ有塩バター）——15g
砂糖——大さじ¼
アイシング
　粉砂糖——大さじ1
　ラム酒——小さじ½
インスタントコーヒー——小さじ½

作り方

1〜4までは「シナモンロール」と同じ。ただし、作り方2の砂糖は大さじ¼に、シナモンは加えない。

5 ラム酒にインスタントコーヒーを入れ、溶かす。

6 粉砂糖と5を混ぜ合わせ、アイシングを作る。

7 6を4の上にかける。（Y）

参考にすることからスタートしたとおっしゃっていました。マダムが作るロールパンも深さのある天板で焼いたタイプです。ニューヨーク生まれでニューヨークフードをパリで流行らせた方のお店も同様に、深さのある天板で焼いたシナモンロールやチョコレートロールを作っていました。スターバックスのシナモンロールとは違いますが、これってアメリカのシナモンロールのもうひとつの形なのかなあって。角がとれたような四角で、かわいいですよね！

I　かわいいですね。型で作ると食感も変わってくるでしょうし。アメリカ的なラフさから来ていると思うんですが、ベーグルも天板の上にくっつけて並べちゃいます。くっつき合ったのをはがすときに表面に傷がついてしまうのもかまわずに。でも、その方が、一度にたくさん焼けて効率的だということと、下火の熱が上に逃げないので火通りがよくなるという意味があるそうです。

Y　イギリスにも同じように型に入れて焼く渦巻きパンがあって、**チェルシーバンズ**（137ページ写真）というんです。18世紀、ロンドンのチェルシー地区にあったチェルシーバンズハウスというお店の名物だったそうです。『Le Grand Livre du Pain（パン全集）』には、レーズンやオレンジピールなどをバターシュガーと一緒に巻き込んで、はちみつシロップをまわしかけ、型で焼くというレシピがのっています。巻き込むものが、シナモンなどのスパイスだったり、レーズンじゃなくて**カランツ**[*16]だったり、レモンの皮のすりおろしを入れたり、レシピはいろいろみたいです。

I　それは絶対おいしいでしょう。いま、日本で待ち望まれているパンだと思います。

Y　そういえば、日本生まれの渦巻きパンもありますよね、コーヒーロール。モカ味は大好きなのですが、実はあまり食べたことがなくて。

I　コーヒーロールはシナモンロールの親戚筋ですよね。あれも病みつき度高いです。コーヒークリームが使用されている瞬間、僕の中でのハードルが一気に下がり、手放しでおいしく感じてしまいます。ホイップあんぱんやあんドーナツのようなしつこい系も同様の傾向があります（笑）。コーヒーロールは古くからやっている店に多いイメージがあります。

Y　日本でも昔から巻き物が受け入れられる素養はあった

ということですね！

とろとろアイシングは簡単に作れる

I　半透明のアイシングの向こう側に渦巻きが見えているシナモンロールがあります。ガラスのパンをイメージしたそうで、僕は「日本一エロティックなシナモンロール」と呼んでいます（笑）。食べても官能的です。アイシングにラム酒が使われていて、口の中で溶けてシナモンシュガーと混じり合っていきます。

Y　透けて見えるアイシングほど、加える水分が多くなるので、糖度も下がります。洋酒とシナモンはずるい！　何というお店ですか？

I　グリオット[*17]というお店です。家でアイシングを作ってみたことあるんですが、パンに塗ったら食べ過ぎちゃってやばかったです（笑）。僕のような面倒くさがりにとって、アイシングのかかったものは買ってくるってイメージなので、家で作ると特別感があるんですよ。家で作れる超おいしいアイシングのアレンジとか、実験できませんかね？

Y　アイシングだけをレシピとして提供するには簡単過ぎですよ！　粉砂糖と液体を混ぜるだけですもの。池田さんの著書で『食パンをもっとおいしくする99の魔法』（ガイ

＊16　カランツ
カレンズとも。地中海原産の干しぶどうの一種。他のレーズンと比べて粒が小さいのが特徴。イギリスでは一般的な食材で、焼き菓子などに使われる。

＊17　グリオット
東京都目黒区東が丘2-14-12 B1・1F
03-6314-9286
8:00〜19:00
月曜休み（祝日の場合は翌日休み）
griotte.jimdo.com
フランス帰りの新世代食いしん坊シェフが打ち出す、パンとお菓子と料理の融合。酒種でフランスパンを作るなど、ツボを突く新機軸。

＊18　キリではなくフィラデルフィア
日本で流通している2大海外クリームチーズブランド。キリはフランスで、フィラデルフィアはアメリカのメーカー。

＊19　ブラウニーを作るときはヴァローナではなくハーシーズ
ブラウニーはチョコレートを使ったアメリカの焼き菓子。ヴァローナはフランスのチョコレートブランドで、ハーシーズはアメリカのチョコレートブランド。

ドワークス）に食パンで作るシナモンロールがのってますよね。

I　魔法71ですね。クリームチーズを使っています。ちなみにアメリカ系のディーン&デルーカとブラフベーカリーはトッピングが甘いクリームチーズなんです。ブラフベーカリーでは**キリではなくフィラデルフィア**[*18]のクリームチーズを使っているそうです。

Y　それはいいですね。その食べ物が生まれた国の食材で作るのは、とても大事なことではないでしょうか。私も**ブラウニーを作るときはヴァローナではなくハーシーズ**[*19]を使ってますよ。

I　僕はいつでもヴァローナでお願いします（笑）。

Y　魔法71をさらに発展させて、食パンで、シナモンロール、コーヒーロール、レモンロール、ジンジャーロールって、いろんな渦巻きパンを作るのはどうでしょうか？　そしたらアイシングのバリエーションも提案できますから。

▼ 実験2―**食パンでシナモンロールもどきを作る**　→144ページ

シナモンロールとコーヒーとスパイス

Y　シナモンロールにはやっぱりコーヒーですよね。アメリカも北欧もコーヒー大国ですものね。

I　最高の組み合わせでしょう。

Y　最初に北欧でシナモンロールを食べたのがストックホルムでした。町で人気のカフェに入ると、女の子が向かい合って大きな大きなシナモンロールをつついてるんです。映画のワンシーンみたいで感動しました！　そこのカフェは大きいのが名物だったみたい。私はたっぷりのカフェオレと大きなシナモンロールをひとりでいただきました。

I　シナモンロールとコーヒーを食べていると我を忘れてしまいますよね。スパイスには心を奪ってしまう何かがあります。

Y　中世のヨーロッパでは、スパイスは金ほどの価値があったといわれますから、人類の歴史がそう物語ってるようですね。

ドーナツ

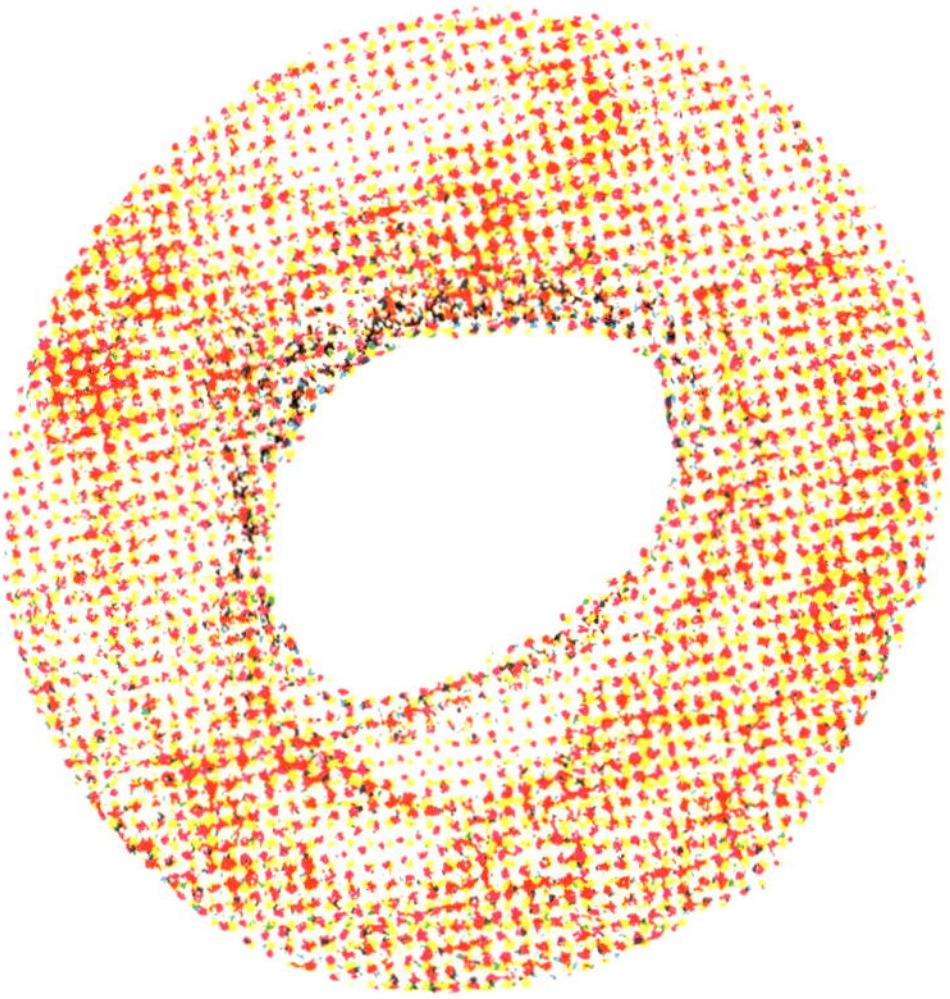

ドーナツの穴はどこから来たのか？

Y　ドーナツってdough（ドウ：生地）とnut（ナッツ：ころんとしたかたまりの意）が組み合わさった言葉だってご存知でした？「ころんとした生地」なんてかわいいですよね。ころんがどうしてあんな形になったのでしょうか。

I　ドーナツについて書かれたエッセイが集められたアンソロジー『なんたってドーナツ』（早川茉莉編、ちくま文庫）って本に、村上春樹がドーナツの由来について書いた文章がのっています。「ドーナツの穴が初めて世界に登場したのは1847年のことで、場所はアメリカのメイン州のカムデンという小さな町。とあるベイカリーで、ハンソン・グレゴリーという15歳の少年が見習いとして働いていました。（中略）パンの真ん中に穴をあければ、熱のまわりがずっとよくなるのではないかと思って実行してみた」。僕はその無邪気な発想に、サッカーボールを手で持って走ってラグビーの起源になった少年を思い出します。

Y　ドーナツに穴をあけたのは誰かを巡っては諸説あるようですね。

I　そんな単純なこと、誰が最初に考えたかなんて、神様でもなければ断言できないです（笑）。

Y　私が自分で初めて穴あきドーナツを作ったときに、真ん中のちっちゃい子たちもかわいいのに、普段この子たちはどこに行っちゃうんだろうって、考えました。

I　片岡義男が「ドーナツの穴」について書いているエッセイがあって（『なんたってドーナツ』）。「僕の記憶が正しければ、僕はこれまでにドーナツの穴を二度、食べたことがある」という不思議な一文で始まる。アメリカでは「どこにでもあるようなごく普通の」ドーナツ店のメニューに、「ドーナツの穴」というものがのっていたそうで、抜いた生地を揚げて売っているんですね。

Y　それはグッドアイデアですね。

I　ドーナツの穴のことを考えると、結構おもしろいですよ。ドーナツの穴はあるのかないのか。ドーナツの穴は食べられるのかどうか？

Y　もう少しわかりやすくお願いします。哲学的過ぎで難しいです（笑）。

I　食べちゃったらドーナツの穴ってなくなりますよね。穴は食べられないですよね。でも全部食べないとドーナツを食べ終わらないですよね？　じゃあ穴も食べてるのかなとか。ここにあるんだけどないみたいな。

Y　なるほど、深いですね。

私はまだアメリカに行ったことがないのですが、アメリカではドーナツを朝食にいただくんですってね。朝早くからやっているコーヒースタンドなんかにも、ベーグル、ドーナツ、マフィンが必ず並んでいて、これら3つがニューヨークのモーニングの代名詞だと聞いています。

I　アメリカ人はドーナツがなければ夜も日も明けないみたいです。ブルックリンで食べたDough[*1]のドーナツはおいしかった。ハイビスカスを使うなどグレーズもナチュラルで新味があったり、生地が多加水だったりと、日本の新しいパンと共通した傾向がありました。同時代性というのは海をはさんでもあるんですね。ニューヨークのサードウェーブ[*2]のコーヒーショップを巡ったら、そこにもDoughのドーナツが置かれていました。生産地のテロワール（気候や土壌など土地が生み出す特徴）を大事にしたコーヒーに、ナチュラルなおやつ。東京でも見られる傾向です。

Y　やっぱりドーナツにはコーヒーですよね。いま、コーヒーもいろんなシングルビーンズやブレンドが出ています

＊1　**Dough**
ドウ
14 West 19th Street New York, NY 10011
www.doughbrooklyn.com/
ブルックリン発祥。ハイビスカスやパンプキンなどのオリジナルなグレーズや、ふわふわの生地が評価されるニューヨークの有名ドーナツショップ。

＊2　**サードウェーブ**
コーヒー界における「第3の波」の意。浅く煎った豆を目の前でハンドドリップで淹れるというスタイルがアメリカを中心に人気を集める。

から、ドーナツに合うコーヒーを選ぶことも可能ですよね。

I　やってみましょう。

▼実験―**ドーナツとコーヒーのペアリング**
カフェファソン岡内賢治さんと共に
↓160ページ

ヨーロッパの揚げ菓子は謝肉祭のごちそう

Y　ところで、オランダの揚げ菓子「オリボーレン」が、アメリカ大陸に渡り、穴があいてドーナツになったという話は本当でしょうか？　そんな素敵な背景があるとは知らず、アムステルダムの屋台で食べたことがあるんです。外側はサクッと、中はモチッとした引きがありました。粉砂糖がふわっとかかっていて、揚げ立てだったのですごくおいしかったのを覚えています。オランダ語で「オイルボール」って意味だそうですね。

I　オイルボールとは、そのものずばりの表現ですね（笑）。

Y　オリボーレンは年末に食べる日本の年越そばのような存在だそうです。ヨーロッパの揚げ菓子って宗教行事と密に関係してますよね。キリスト教の**カトリック**[*3]では、その昔、**復活祭**[*4]までの46日間（四旬節）、信者は節制と回心に努め、肉や卵、乳製品を断ったのだとか。なので、肉断ちに入る前の約1週間、ごちそうを食べて大いに騒ぐという「カーニバル（謝肉祭）」が設けられたそうです。そこでふるまわれたごちそうのひとつが揚げ菓子。ですから、2月頃、ヨーロッパ各地では、カーニバルに起源を持つ揚げ菓子が作られるんですって。

I　謝肉祭のために家畜を屠殺するときラードなどがとれるので、それを使って揚げ菓子を作ったんでしょうね。お菓子にラードって、変な感じがしますけど、質のいいフレッシュなラードはごちそうにふさわしいと思います。

Y　フランス語で揚げ菓子のことをbeignet（ベニエ）といいます。綴りは少し違うのですが、「漬かっている」「浸っている」という動詞baigner（ベニエ）から来ているそう。フランスではリヨンから南の地域にいろんなタイプのベニエがいまでも残っています。merveilles（メルヴェイユ）、bugnes（ビュニュ）、oreillettes（オレイエット）って、地域によって呼び名はいろいろです。

I　かりんとうみたいな感じ？　味つけは甘いんですか？

Y　餃子の皮を揚げたようなものもあれば、ドーナツのように少し膨らみのある生地を揚げたものもあります。どれもシンプルに生地のみを揚げて、砂糖をふって食べるところは共通していますね。カーニバルの揚げ菓子を調べていたら、ドイツに近いアルザス地方にもあるみたいで、アルザスのは膨らみがあって立体的でした。**カフェデュモンド**[*5]ってご存知ですか？

I　映画「シェフ」に出てきますよね。「ニューオリンズに来たら、これを食べなきゃ」ってことで主人公が息子を連れて行く。

Y　おっしゃる通り、アメリカのニューオリンズが発祥なんですけど、日本にも数店舗あります。粉砂糖をまぶした小さな揚げ菓子**「ベニエ」**（156ページ写真）とチコリのカフェオレが売りのお店です。アルザスのベニエはカフェデュモンドのそれに似てるんです。

I　ニューオリンズってフランス語ではヌーヴェル・オルレアンですよね。そこってフランス人の移民が住みついたっていう場所じゃないですか。

Y　フランス人が住みついて、生地だけのシンプルなベニエを揚げたのが始まりで、ニューオリンズの名物になったのでしょうかね。チコリもヨーロッパ発祥の野菜ですし

＊3　カトリック
バチカン市国に住むローマ教皇を中心とするキリスト教最大の教派。ヨーロッパの長い歴史の中で多くの民衆が信仰していたので、ヨーロッパの年中行事や生活習慣と密に関係している。

＊4　復活祭
英語でイースター、フランス語でパックという。十字架にかけられて死んだイエス・キリストが3日目に復活したことを記念するキリスト教において最も重要な祭事のひとつ。

＊5　カフェデュモンド
www.cafedumonde.jp
チコリの入ったカフェオレと四角いベニエを看板にする、ニューオリンズで約150年前に発祥したカフェ。

……。ハワイで人気のドーナツ「マラサダ」も、移民だったポルトガル人が作ったのが始まりだと聞いています。食文化の大移動ですね（笑）。

I　ふーん、いいっすね。**ヒンメル**[*6]で作っているドイツの揚げ菓子の**クラプフェン**（→56ページ写真）はうまいですよ。クラプフェンとは揚げパンの総称です。シェフはこの変わったドーナツをデュッセルドルフで学びました。僕はこれを紹介するときに、よく「隕石」と表現します。生地がミスドのフレンチクルーラーやシュークリームの皮みたいな感じなんです。油の中にアイスクリームのディッシャーでガシャガシャって生地を落として作るんですね。見た目はゴツゴツした感じなのに、それが口の中でふにゃっとする。その意外性がすごいんですよ。**ベルリナー**（→56ページ写真）っていうのも作ってて、それはフランスの一般的なベニエに近い感じです。

Y　ベルリナーはフランスのベニエにそっくりですよね。日本のあんドーナツくらいのボリュームがあって、センターにコンフィチュール（ジャム）が入ってる。先日、ドイツのミュンヘンに住んでる友人に会ったんですけど、フランスの場合、ベニエのセンターはフランボワーズ（ラズベリー）ジャムかショソン・オ・ポムに入ってるのと同じりんごのピュレ（→27ページ）なんですよ。でも、ドイツのベルリナーはフランボワーズジャムは同じだけど、もうひとつがアプリコットジャムなんですって。カーニバルの時期になると、いろんな種類のベルリナーが売り出されるらしいです。

I　ジャック・タチの映画「ぼくの伯父さん」で、空き地で子供たち相手にその場で揚げるベニエ売りが出てきます。タチが自分の子供時代を懐かしんでいるシーンのように僕には見えました。

Y　カーニバルの揚げ菓子を調べていたら、実はベニエだけではなく、ワッフルもクレープもチョココロネの章で出てきたイタリアのカンノーロ（74ページ）もカーニバルの時期に作られるお菓子だったということがわかりました。カンノーロは別として、その他3つは、いまでもフランスの屋台で売られているものなんですよね。もともとお祭り的な気分とリンクしているスイーツだから、屋台でも売られるのかなって。

I　そうかもしれませんね。ワッフルやクレープやドーナツは鉄板や鍋ひとつでできるおやつですよね。窯がいらないので、野外と相性がいいのかもしれません。日本のお祭りで、お好み焼きやたこ焼きを売るみたいに。

Y　なるほど。

I　中国では小麦粉文化はあっても窯の食文化より揚げる文化、蒸す文化が優勢だったから、揚げパンや蒸しパンが作られるようになった。揚げパンって、窯がない土地やシチュエーションで作られるパンなのでしょう。

Y　その昔、豊かでなかった時代に、揚げ菓子は、窯がない家庭や野外でも作れて、おいしくて、ごちそう感もあったので、ハレのお菓子として定着していったという流れでしょうか。でも、いまの時代、揚げるとカロリーオーバーで嫌厭されることありますよね。

I　『においと味わいの不思議』（東原和成、佐々木佳津子、伏木亨、鹿取みゆき共著、虹有社）に、病みつき実験っていうのがあります。ボタンを押すと液が出てくるシステムをねずみにやらせるっていう。液は3種類あって、水、旨味がついているダシ、油。ねずみは水だったらわざわざ押さないんだけど、旨味も結構押すんですよ。揚げた油だと狂ったように押すんですよ。生物には、油が簡単にカロリーをとれるものだってことがきっとインプットされてるん

＊6　ヒンメル
東京都大田区北千束3-28-4
アンシャンテ大岡山1F
03-6431-0970
7:30〜19:30 火曜休み
www.himmelbrot.com
ドイツパンの店。ライ麦パンのみならず、サンドイッチや、ベルリナーやクラプフェンといったドーナツまで幅広く、ドイツパンを紹介する。

＊7　クリスピー・クリーム・ドーナツ
krispykreme.jp
2006年、日本上陸。人を病みつきにさせる超絶のふわっととろける食感で、新宿南口に数時間待ちの大行列を作った。

ヒンメル

クラプフェン

154ページ

カフェデュモンド

ベニエ

153ページ

ヒンメル

ベルリナー

154ページ

クリスピー・クリーム・ドーナツ

ドーナツ各種

158ページ

ドーナッツプラント
ドーナツ各種
158ページ

ハリッツ
ドーナツ各種
158ページ

カムデンズ ブルー スター ドーナツ
ドーナツ各種
159ページ

でしょう。小麦に油がついたらとりあえずおいしいですからね（笑）。

Y　粉ものをオーブンで焼くときって、上手に焼くためには技術が必要ですよね。昔なんて薪の窯だから温度調節も大変だったでしょうし。でも、油で揚げると、たいていおいしくできちゃうところはありますよね。パンの耳も揚げるとおいしいし。

I　そんなに技術はいらないけど、おいしくできるっていう。給食に揚げパンが出たっていうのも、理にかなってるんですかね。

日本人の原点、ミスタードーナツ

Y　ドーナツって一時期すごく流行りましたよね。**クリスピー・クリーム・ドーナツ**[*7]や**ドーナッツプラント**[*8]（2点共に156、157ページ写真）のアメリカ系と、**はらドーナッツ**[*9]や**フロレスタ**[*10]のほっこり&かわいい系など。最近ではコンビニ各社のドーナツがちょっと追い打ちをかけてる感じがしますけど。

I　僕の家の前にも突然はらドーナッツができて、開店当日から大行列ができたので驚きました（笑）。焼きドーナツなんかも出てきましたね。

Y　ブームはあれど、やっぱり私たちのドーナツの基準は、「ミスド」ことミスタードーナツですよね。イースト発酵タイプ、ベーキングパウダーで膨らませるタイプ、シュー生地に似たタイプなど、あらゆるタイプの生地でドーナツを展開しているところ。チュロスやポン・デ・ケージョなど海外の揚げ菓子やパンを商品にとり入れているところ。本当にすごいなって思います。

I　モップのダスキンが、どうしてドーナツ会社をやろうと思ったか、知りたくないですか？

Y　いいですね。日本のドーナツの原点を探る、みたいな。

▼ Column 4｜**日本のドーナツの原点、ミスタードーナツ** →162ページ

Y　私はブームが起きる前から、姉妹でドーナツを作っている代々木上原の**ハリッツ**[*11]（157ページ写真）のファンで、結構食べてます。生地にほどよい引きがあって、油のしみ

具合もほどよくて。

I　きちんと発酵をとってるタイプでしょ？　だから、粉の味もしっかりあって、食べ応えがあります。鎌倉の**べつばらドーナツ**[*12]が僕は好きです。ハリッツと同様にきちんと発酵をとった、パンに近いタイプです。グレーズも季節のフルーツから作ったり、すごくおいしいんです。以前は自転車で売りに来ていて、それも風情があったんですが、いまは努力が実って店舗を構えました。

Y　「べつばら」っていう名前もかわいいですね。代官山にできたポートランド一おいしいドーナツ屋と噂されている**カムデンズ ブルー スター ドーナツ**[*13]（157ページ写真）もなかなかでしたよね。パッケージもクリスピー・クリーム・ドーナツ同様にかわいくて。

I　穴をあけるという単純極まりないアイデアから広がったドーナツの世界ですから、これからどんなブレイクスルーが起こるか予想もつかないですよね。おもしろいドーナツがもっと出てきたらいいですね。

＊8　ドーナッツプラント
東京都武蔵野市吉祥寺東町2-18-16
20:00～売り切れ次第終了　無休
www.doughnutplant.jp
2004年、日本上陸。ニューヨーク、マンハッタンロウワーイーストサイドに路面店あり。華やかなケーキドーナツが喝采を浴びた。吉祥寺店はセントラルキッチンを兼ね、夜に揚げたてを提供。青山一丁目店、用賀店、ルミネエスト新宿店もある。

＊9　はらドーナッツ
haradonuts.jp
豆乳とおからを使った、油切れもいいやさしい味のドーナツが、爆発的支持を得た。

＊10　フロレスタ
www.nature-doughnuts.jp
「ネイチャードーナツ」と呼ぶ、自然な素材を使ったドーナツ。包材を減らすなどアースコンシャスな店。

＊11　ハリッツ
東京都渋谷区上原1-34-2
03-3466-0600
9:30～18:00（土日祝11:00～）
月曜・火曜休み
www.haritts.com
ハンドメイドにこだわったドーナツとスペシャルティコーヒーの店。もとは移動式カフェとして始まった。

＊12　べつばらドーナツ
神奈川県鎌倉市材木座1-3-10 1F
0467-23-7680
9:00～売り切れ終了
火曜・水曜・木曜休み
ふわっと膨らんでモチッと沈み、麦の風味がとろける食べ応えのあるドーナツ。お酒がしっかり香るラムレーズンやフルーティーな香りあふれるラズベリーなどが人気。

＊13　カムデンズ
ブルー スター ドーナツ
東京都渋谷区代官山町13-1
THE MART AT FRED SEGAL内
03-3464-3961
9:00～20:00　不定休
camdensbluestardonuts.jp
ブリオッシュ生地で作られるドーナツ。生地からすべてを店舗内キッチンで手作りする、ポートランドの人気店。

実験

ドーナツとコーヒーのペアリング
カフェファソン岡内賢治さんと共に

岡内＝O　池田＝I

ドーナツをぱくり。そのあとコーヒーをごくり。マリアージュの摩訶不思議。ドーナツでもコーヒーでもない何かの味が頭の中にぽわんと浮かぶ。

まずはオーソドックスな**シュガー**（プレーン）から。

×**エルサルバドル**

I 油がいい感じの風味になる。かりんとうみたい！

×**グァテマラ**

I すごく変化のある艶っぽい酸味の中に憩えますね。

×**エチオピア**

O チェリーっぽい。もっと深煎りにすると、チョコっぽさが出るんですよ。

×**カフェオレ**

I 懐かしい感じ！

シナモンとコーヒーといえば鉄板に思われたが。

×**ファソンブレンド**

I フルーティで華やぎます。

×**エルサルバドル**

O シナモンを消しちゃう感じですね。

×**グァテマラ**

I 酸味がキーンと来て、そのあと甘い！

×**コロンビア**

O 焼きりんごっぽい感じかな。

×**マンデリン**

I ロースト香がすごくいい感じになる！

×カフェオレ
Iチャイっぽくなりました。

ラムレーズンで驚きの体験をする。

×ファソンブレンド
Iラムの余韻が長くてずっと変化しますね。
×エルサルバドル
Oシャインマスカットみたい！
×グァテマラ
I甘さと酸味が微妙なところを漂います。
×エチオピア
Oレーズンサンドを食べてるみたい！
×マンデリン
Oこれはプルーン！
×アイスコーヒー
Oせっかくのラムが静まっちゃいますね。

(上から時計回り)
ラムレーズン、シュガー、コーヒー

(右上から時計回り)
シークワーサー、パッション
フルーツ、ココナツ、シナモン

シークワーサーのトロピカルな酸味とはどうか？

×ファソンブレンド
Oレモンティーみたいでいいですね。
×グァテマラ
Iはちみつレモンみたい！
×エチオピア
Iあ、オレンジっぽくなりますね！
×マンデリン
Iグァバみたいですね。
×カフェオレ
Iオレンジケーキみたい。

パッションフルーツのムワッとするフレーバーには？

×エルサルバドル
Oまるでダージリンですね。
×グァテマラ
Iフルーツ感と同時にナッツ感が！
×コロンビア
Iいい甘酸っぱさが出てきた。
×マンデリン
I苦味がバッティングします。
×アイスコーヒー
Iトロピカルティーそっくり。

ココナツの甘さはコーヒーをどう変える？

×ファソンブレンド
I練乳っぽい！
×エルサルバドル
Iこの豆は何でも引き出してくれますね。
×エチオピア
Iいちご練乳になった！
×マンデリン
Oこれ好きです。ライチみたい。
×カフェオレ
Oミルクキャラメルみたい。

＊ここでは注目すべき組み合わせのみに触れました。

カフェファソン
東京都目黒区上目黒3-8-3
千陽中目黒ビル・アネックス 3F
03-3716-8338
10:00～22:00（金土祝前～23:00） 不定休
丁寧な仕事が世界から注目を浴びる日本の喫茶店、テロワールを重視するサードウェーブ。両者の長所をとり入れ、豆の個性と味わいのバランスを追求する自家焙煎の店。

べつばらドーナツ
159ページ参照

Column 4

日本のドーナツの原点、ミスタードーナツ

私は1972年生まれ、44歳になるが、その前年にミスタードーナツ第1号店[1]が大阪府箕面市にオープンした。初日は、開店を待つ行列が続き、1時間で約4000個、1400人を超える客が来場したという。当時日本にあったドーナツとは違う本場の味や100を超えるたくさんの種類の中から選べる楽しさなどに、日本人がワクワクしたのだ。しかも、マクドナルドやケンタッキーフライドチキンもこの頃に1号店をオープンさせているから、ときは、まさにファーストフード時代の幕開け。そんな背景も、あと押ししたのではないだろうか。

ミスタードーナツの親会社は「ダスキン」である。きっかけは、ダスキンの創業者が本場アメリカのフランチャイズビジネスを学ぶため渡米した際、ミスタードーナツ・オブ・アメリカの創業者を紹介されたことによる。本場のドーナツのおいしさに大変感動した創業者は、日本でフランチャイズ展開させる[2]決意をしたのだとか。「モップの会社が、なぜドーナツ屋さん?」という子供の頃から不思議に思っていたこと、その答えは案外とシンプルであった。

創業当時はどのような商品ラインナップだったのだろうか。ミスタードーナツの広報担当者によると、アメリカのレシピから、日本人になじみの薄い味を外し、複数のベース生

地を用意。ハニーディップや**エンゼルクリーム**[3]といった「イースト発酵生地ドーナツ」、ホームカットやチョコレートといった「ケーキ生地ドーナツ」が主体だったそう。これらのベース生地を活かしてトッピングやクリームなどを変え、**143種類の商品**[4]が販売された（時間帯によりとり扱い商品は異なる）という。歴代の商品ラインナップはミスタードーナツの公式サイトでも確認できるが、ミスタードーナツ世代の私としては「懐かしい」の連発である。

定番商品は日本人の味覚に合うように、随時、改良を重ねているという。1975年生まれのオールドファッションは、食感を改良したり、甘味を抑えてミルク感を前面に出すなど、現在に至るまで7回もの改良が重ねられていることに驚く。2003年生まれの**ポン・デ・リング**[5]は新商品から人気定番商品に昇格したものである。これは、「翌日の朝に食べるケースが多い」という消費者アンケートにより、翌朝でも固くないおいしさの持続と新食感をテーマに改良された。40以上の食感の候補が挙がる中、いままでになかった「モチモチ感」が選ばれたそうだ。

2016年3月現在、全国に1269店舗。ほぼ毎月のように新商品が出ている。これから続々と世界中のドーナツ屋が日本に上陸しようとも、ミスタードーナツは永遠に不滅であろう。（**Y**）

3

5

1

2

4

ミスタードーナツ

www.misterdonut.jp/
掃除のサービスやグッズを提供するダスキンがアメリカのミスタードーナツ・オブ・アメリカと事業提携し、1971年から展開する日本初のドーナツチェーン。

マフィン

マフィン型で焼くとマフィンになる

Y　マフィンの定義って、「マフィン型で焼くクイックブレッド」でしょうか。

I　パウンドケーキとかスポンジとか、ふわっとしたお菓子っていろいろありますが、ああいうのとどう違うんですか？

Y　マフィンは溶かしバターを加えてベーキングパウダーで膨らませるタイプが一般的ですが、パウンドケーキのように最初にバターをクリーム状に練ってから作るものもあります。溶かしバターの代わりにオイルを使うものもあるので、本当にいろいろ。生地をマフィン型で焼けばマフィンになるって考えてよいと思います。

I　なるほど。食パンに似てますね。食パンも型で焼くということだけが共通要素で、材料は千差万別でそっちからは定義できないんです。

Y　マフィンはアメリカのものですが、カップケーキとどう違うのか、イングリッシュマフィンはどこがどうなってそうなったのかっていうのが、最大の謎です！

I　カップケーキとどう違うかは、僕も聞こうと思ってました。

Y　マフィンはマフィン型で焼いて、生地に具材を入れたものが多い。一方、カップケーキはマフィンよりも歴史が古く、カップのような小さな容器で焼く、カップを使って計量するという2種類の意味があったそうです。現在はカップで焼くという意味だけが残ってますよね。しかも、生地に具材が入らないものが多く、その代わり、表面にデコレーションをするタイプが主流になってきました。

I　そういう違いか！

Y　あと、マフィンは砂糖の量も比較的少なめで朝食としても食べられる。カップケーキは華やかでクリームがこってり甘いので、パーティーやティータイムのお茶菓子としていただくといった、甘さと食べるシチュエーションの違いもありますよね。

I　**マグノリアベーカリー**[*1]（169ページ写真）に行ってきました。あれがカップケーキですよね。美しさという点でも、味という点でも、まさにデコレーションありきですね。キヤリーカップケーキを食べたんですが、上がメレンゲかと思ったらバタークリームだそう。見た目も含め、アメリカっぽい感じでかわいいですね。

Y　アメリカンスイーツって、まずビジュアルにやられてしまいますよね。学生の頃、アメリカのマフィンに一時期はまったことがあって、洋書を片手に家で本当によく作っていたんですよ。

I　ゆりこさんのオリジナルマフィンのレシピいろいろ知りたいです！

▼レシピ1｜**アップルクラムマフィン**　↓172ページ
レシピ2｜**オレンジチョコレートマフィン**　↓173ページ

発酵させるパンからお菓子のマフィンに

I　アメリカは「お菓子なパン」の宝庫です。マフィンもスコーンもそうです。食事として食べますし。

Y　『食べるアメリカ』（平松由美著、駸々堂出版）のマフィンの章に、軽食を食べるカウンターだけの店でスープを頼むと、オーブンでちょこっとあぶったブルーベリーマフ

＊1　マグノリアベーカリー
東京都渋谷区神宮前5-10-1
GYRE B1F
03-6450-5800
11:00～20:00（土日10:00～）
ビル休館日に準ずる
www.magnoliabakery.co.jp
数々の映画に登場した有名店が、伝統の製法や意匠はそのままに、2014年、日本上陸。

インがついてくる。とか、立場上これはパンなのでバターをたっぷりとつけて食べるってあります。やっぱりマフィンは甘いけど、食事として食べられてきた背景があるんですね。でも、近年は何もつけずに温めないで食べることが多いので、甘味も油脂も多めになっているそうです。

I　コーンブレッドも食事寄りですが甘めです。あれもベーキングパウダーですか？

Y　そうですね。

I　パレスホテル東京（59ページ）の**コーンブレッド**（169ページ写真）が好きです。砂糖とは違うコクのあるあの甘さ、何ともいえないですよね。コーンブレッドはアメリカでは家庭で作られるもののようですが、パレスホテルでそれが作られるようになったのは、アメリカ人の宿泊客の要望によるものだと聞きました。アメリカ人にとっての懐かしい味なんでしょうね。ベリー系のジャムやマロンペーストをつけると止まらないです。

Y　おいしそう！　私もコーンブレッドには目がない方です。

I　ブーランジェリーレカン（135ページ）の**コーンブレッド**（169ページ写真）はとうもろこしの形をしています。アメリカで見つけたレトロな型を使って焼いているとのことです。古きよきアメリカという感じがします。

Y　マフィン、スコーン、コーンブレッド、こうやって見ていくと「クイックブレッド」と呼ばれるジャンルのものが、アメリカの「お菓子なパン」ですよね。

I　クイックブレッドはアイルランドでもよく食べられてます。砂糖とか入ってなくて、食事用もあります。

Y　アイリッシュソーダブレッドですよね。好きでよく作りますよ。初めて作ったとき、ベーキングパウダーや重曹だけでもちゃんとパンっぽいものができるんだって、すごく感動しました。

I　おいしいですよね。僕は、紀ノ国屋（135ページ）で買ってました。アイルランドは植民地だったので、時間をかけて発酵をとることは贅沢とされてました。アイリッシュソーダブレッドの、発酵のフレーバーがなく淡白な感じが好きです。パンの未来系だと思ってます。

Y　話はマフィンに戻りますが、アメリカのマフィンの元祖である**イングリッシュマフィン**[*2]は発酵生地ですよね。10

マグノリアベーカリー
カップケーキ
166ページ

パレスホテル東京
コーンブレッド
168ページ

ブーランジェリーレカン
コーンブレッド
168ページ

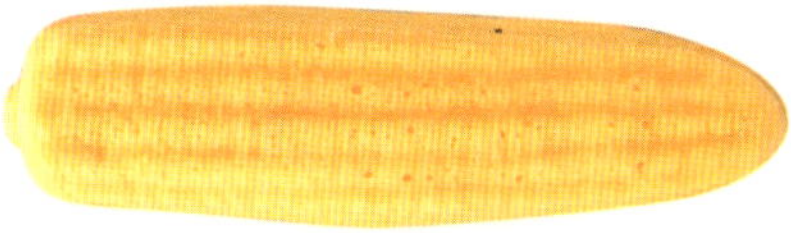

ディーン＆デルーカ
マフィン
171ページ

ジージョベーカリー
クランペット
170ページ

世紀か11世紀頃のウェールズで生まれたそうです。フランスで出版されている『Dictionnaire Universel du Pain（パン万能事典）』によると、アメリカのマフィンのオリジナルは、現在**クランペット**[*3]と呼ばれているイギリスの発酵パンである。1860年から1880年の間にケーキのような甘いマフィンになったとあります。

I　クランペットは、日本人の好きなぷるぷる食感ですよね。鉄板で焼けるのも手軽でいいですし、パンケーキのあとはクランペットブームが来る、と先物買いする人もいます。東京では新高円寺の**ジージョベーカリー**[*4]（169ページ写真）で出していますね。これも味自体は淡泊で、バターやジャムでカスタマイズして食べます。

Y　イギリスも同じ食べ方です。クランペットはイングリッシュマフィンのような形ですが、片面に穴がポツポツあいています。イーストで発酵させた生地にさらにベーキングパウダーや重曹を入れるので穴があくのだそうです。

I　イギリスでは発酵をとるパンを指していたマフィンが、アメリカに行くとベーキングパウダーを使ったマフィンというお菓子に変化するという流れでしょうか？

Y　日本のベーキングパウダー会社のＡＩＫＯＫＵのウェブサイトを見ると、1837年にイギリスで初めてベーキングパウダーの特許が出され、その後1850年代にアメリカで数種類のベーキングパウダーの開発が始まる工業化が押し進められるようになったそうです。年代的に見ても、アメリカの甘いマフィンが生まれた背景には、ベーキングパウダーの普及があるということですよね。

I　アメリカって伝統より利便性を重視する文化ですよね。時間をかけて発酵させるよりもベーキングパウダーの力で素早く膨らませてしまえ的な。でも、伝統がないせいか、デコレーションやバリエーションで自由に遊ぶ感じが、おもしろいですよね。

Y　しかもカラフル！　で、ベーシックなものに、「オールドファッション」とか「オールドスタイル」とかって名前をつける。

I　無造作な感じとかアメリカンで逆に好きです。あふれそうな大きさで、チョコチップとかもドバッと入ってる感じ。上からはみ出して、焦げたりしてる感じ。チョコで生地がけがれてる感じというか。

Y　私も好きです。昔、アメリカのマフィンの作り方の本を見て、粉類以外の材料をブレンダーでミックスしてから粉類と合わせ、そのまま型に流し込んで焼いてるの。すごくラフだけど、とってもおいしそうだなって思いました。
I　ディーン&デルーカ（→35ページ）の**マフィン**（→69ページ写真）にチョコレートクッキーが入ってるのを見たときは心揺さぶられました（笑）。
Y　わかります！　いま、マフィンってディーン&デルーカみたいなアメリカ系の食料品店やベーカリー、エスプレッソバーに売っているイメージです。
I　**The City Bakery**[*5]の**ベーカーズマフィン**、**スコーン**、**プレッツェルクロワッサン**（3点共に→76ページ写真）はニューヨークと同じ味を再現したものです。ここのベーカーズマフィンはまわりがかなりカリカリで、中はブラウニーぐらいなポロポロ感ですね。マフィンは口の中でポロポロにほどけてから溶けていく、散弾銃的なしっとりとポロポロ感のバランスがいいのが好きです。日本でマフィンがおいしいパン屋はアメリカリスペクト系の店です。
Y　あのポロポロ感は独特ですよね。
I　横浜のブラフベーカリー（→35ページ）の**とちおとめのマフィン**（→76ページ写真）は、フレッシュなまま混ぜ込んだ旬のとちおとめの香りがすごいんですよ。自家製粉し

＊2　イングリッシュマフィン

＊3　クランペット

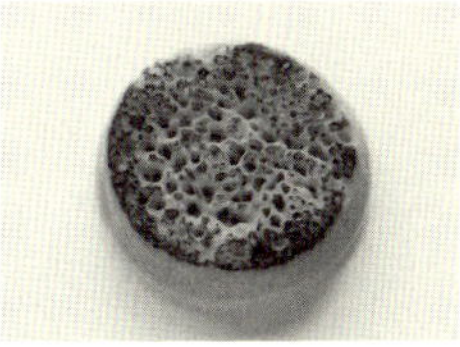

＊4　ジージョベーカリー
東京都杉並区梅里2-1-7 B1F
03-3314-3915
8:00〜13:00　火曜〜木曜休み
かつて「ベーグル」という名前で阿佐ヶ谷にあった伝説的な店。クランペットをはじめ、東京でも珍しいイギリスやアメリカ系のパン・お菓子に軸足を置いた品揃え。

＊5　The City Bakery
東京都港区港南2-18-1
アトレ品川 2F
03-6717-0960
7:30〜22:00
（レストラン11:00〜24:00）
不定休
www.thecitybakery.jp
朝から夜まで町の人たちが集まる雰囲気はニューヨークさながら。ニューヨークで名物のプレッツェルクロワッサンなどニューヨークの味を再現したマフィンやペストリーの他に、日本では食パンやカンパーニュなど、様々なパンを展開している。

レシピ1

アップルクラムマフィン

材料／直径7㎝のマフィン型　6個分

無塩バター――80g
りんご（小）――1個
卵――2個
きび砂糖――70g
薄力粉――150g
ベーキングパウダー――小さじ1
シナモンパウダー――小さじ¼
クラム
薄力粉――15g
無塩バター――15g
きび砂糖――15g
アーモンドパウダー――15g
くるみ――15g

作り方

1　クラムを作る。小さいボウルに薄力粉とバターを入れ、手で粉をまぶしながら、バターをつぶし混ぜる。砂糖、アーモンドパウダー、細かく刻んだくるみを加えて混ぜ、さらにポロポロした状態にし、冷蔵庫に入れる。

2　バターは電子レンジ（500W）で、1～2分加熱して溶かす。

3　りんごは皮をむいて芯を除き、厚さ5㎜のいちょう切りにする。

4　ボウルに卵を割り入れ、砂糖、冷ました**2**を順に加え、そのつど泡立て器でよく混ぜる。

5　**4**に、合わせてふるっておいた薄力粉、ベーキングパウダー、シナモンパウダーと**3**を加え、ゴムべらで粉気がなくなるまで混ぜる。ラップをし、常温で30分以上置く。

6　バター（分量外）を塗った型に**5**を流し入れ、**1**をはりつけるようにまぶす。

7　180℃に予熱したオーブンで30分ほど焼く。

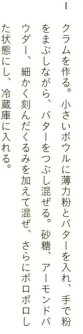

レシピ2

オレンジチョコレートマフィン

材料／直径7㎝のマフィン型　6個分

無塩バター――80g
卵――2個
砂糖――70g
はちみつ――大さじ3
オレンジの搾り汁――1個分
オレンジの皮のすりおろし――1個分
コワントロー（あれば）――大さじ1
薄力粉――150g
ベーキングパウダー――小さじ1
ビターチョコレート――30～50g
オレンジのスライス――適量

作り方

1　バターは電子レンジ（500W）で、1～2分加熱して溶かす。
2　ボウルに卵を割り入れ、砂糖、はちみつ、冷ました**1**、オレンジの搾り汁と皮、コワントローを順に加え、そのつど泡立て器でよく混ぜる。
3　合わせてふるっておいた薄力粉とベーキングパウダーを加え、ゴムべらで粉気がなくなるまで混ぜる。ラップをし、常温で30分以上置く。
4　チョコレートは電子レンジ（500W）で、2分ほど加熱して溶かす。
5　バター（分量外）を塗った型に**3**を流し入れ、**4**をのせ、180℃に予熱したオーブンで30分ほど焼く。¼に切ったオレンジのスライスをのせる。（Y）

た際に出るふすま（小麦の皮）を入れているんですが、ホロホロと崩れ、それが滋味深く、でもすごくしっとりして、口溶けがいい。自然と自然のマリアージュに感動しますね。アメリカのラフさをリスペクトしつつ、日本人の感性で繊細な方向で落とし込んでいると思います。

Y いいとこどりですね。

I ブラフベーカリーの栄徳シェフに教えてもらったのが、ニューヨークの **Blue Sky Bakery**[*6]。アメリカでは珍しくラフじゃないんです。口溶けがなめらかでしっとりしています。フルーツフレーバーの**マフィン**（→76ページ写真）を食べたんですが、ブルーベリーやラズベリーなどがフレッシュな状態で入っていました。かつアメリカらしく小麦も香り豊か。色鮮やかなドットが飛んだような見た目もかわいい。

Y ニューヨークまで行って食べたい！

鉄板やフライパンで焼くタイプのマフィン

Y では、イングリッシュマフィンでおいしいところは？

私は**チクテベーカリー**[*7]の**イングリッシュマフィン**（→76ページ写真）の大ファンです。

I 僕もそうです。外カリカリ中ふにゃふにゃの食感はもちろん、味わいが詰まっている印象を受けます。オーブンではなく鉄板の上でじっくりと焼いてるんですよね。かつて伊勢丹新宿店にあって、オリーブ世代の人たちに熱狂的な支持を受けた**バビントンティールーム**[*8]のイングリッシュマフィンを再現したものだそうです。オーブンとは違い、常に火加減を調整しながら1時間近くも焼かないといけない、と。厚さがあるので生焼けになりやすいし、かといって焼き過ぎればあのふにゃふにゃ感は出ない。イギリスの伝統を受け継ぎ、鉄板で手間ひまをかけて焼いています。

Y それであんなおいしさになるんですね。納得です。

ポルトガルにお好み焼きくらい大きいイングリッシュマフィンがあるんです。ポルトガル語で bolo levedo（ボーロ・レヴェド）といいます。ポルトガル語で「発酵して膨れ上がったお菓子」という意味で、パンのように食事の時に食べたり、バターやジャムを塗っておやつとして食べてもおいしいそうです。

アルザス地方でもイングリッシュマフィン似のパンを見つけました。アルザス語で**dampfnudel（ダンフヌデル）**[*9]、フランス語ではpetit pain à la vapeur（プティ・パン・ア・ラ・ヴァプール）といいます。vapeurはフランス語で「蒸気」という意味で、フライパンに水分を加え、蓋をして蒸しながら焼くことから、雑誌でこのレシピを紹介するときに「平焼き蒸しパン」という日本語訳をつけました。アルザス地方ではスープと一緒にいただくのよって、かわいいおばあちゃまが教えてくれたんです。

I　オーブンを使わないで焼ける平焼きパンですね。

Y　パン生地を鉄板やフライパンで焼くって、ひとつのパン文化として、ヨーロッパ各地に残ってるんでしょうね。もっともっと探して見つけ出したいです。

＊6　Blue Sky Bakery
ブルー・スカイ・ベーカリー
53 5th Avenue, Brooklyn, NY 11217
www.blueskybakery.org
ジャムやピュレを使わず、フレッシュな果物を直接生地に入れ焼き上げるスタイルのマフィンを販売。ラズベリー＋ピーチ、パンプキン＋ズッキーニなどの組み合わせも斬新。

＊7　チクテベーカリー
東京都八王子市南大沢3-9-5-101
042-675-3585
11:00〜18:00　月曜・火曜休み
cicoute-bakery.com
イングリッシュマフィンがあまりにも有名だが、カンパーニュ、黒糖のパン、タルティーヌ……すべてのパンが名物になりうるほどハイレベル。店舗デザインや秋山花さんの絵によるホームページもかわいい。

＊8　バビントンティールーム
伊勢丹新宿店の2階にあった英国式ティールーム。イタリア・ローマにある本店はいまからさかのぼること1893年、2人の英国人女性が創業。現在はローマのスペイン広場の近くにある。

＊9　dampfnudel（ダンフヌデル）

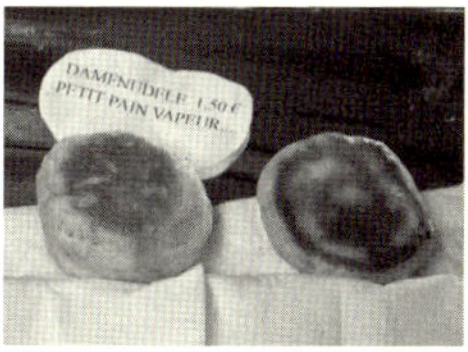

ブラフベーカリー
とちおとめの
マフィン
171ページ

The City Bakery
ベーカーズマフィン
171ページ

Blue Sky Bakery
マフィン
174ページ

The City Bakery
スコーン
171ページ

チクテベーカリー
イングリッシュマフィン
174ページ

The City Bakery
プレッツェルクロワッサン
171ページ

スコーン

イギリスのスコーンには クリームが必須

Y スコーンも前章のマフィンと同じ、ベーキングパウダーや重曹で膨らませるクイックブレッドの一種ですよね。

I いまさらですが、クイックブレッド、パンはパンなんですね。

Y 必ずしもそうとはいえないかもしれません。スコーンと同じくらい有名なイギリスのお茶菓子、ショートブレッド（47ページ）もブレッドですし、バナナブレッドやジンジャーブレッドなど、お菓子の仲間でもブレッドって呼ばれているものが結構あります。

I イギリスとアメリカのスコーンの違いって、何ですか？

Y イギリスは、丸が基本です。アメリカ系は三角形のスコーンがあったり、クランベリー&ホワイトチョコレートなどの様々な具材が入りますよね。イギリスの伝統的なスコーンは、プレーンかレーズンもしくはカランツ入りくらいです。

I ドーナツしかり、カップケーキしかり、アメリカ人はバリエーション展開が好きですよね。

Y フランスに住んでる間に**ロンドンには数えられないくらい通った**[*1]のですが、なかなかおいしいスコーンに出合わなかったんですよ。そんな中でも、**Vintage Heaven**[*2]というヴィンテージショップのボリュームのあるスコーンは好きなタイプです。奥にカフェ Cakehole が併設されていて、そこで出してくれるんです。

I しっとりしてますか？ 唾液を吸いとられた感ありますか？

Y しっとりではなく、アイリッシュソーダブレッドに近い感じでパッサリしています。そしてクロテッドクリームとジャムがついてきます。だからティーは必須。

I やっぱりそのループですか？ 乾いては飲み。乾いては飲み。

Y その繰り返しですね。イギリスのお菓子はお茶がすすみますというか、お茶なしでは成立しないと思います。

I クロテッドクリームも乾き対策？

Y 乾き対策でしょうね。ちなみに、イギリスの田舎を車で走らせていると出てくる「Cream Tea」の文字は、ティールームの看板なのですが、「クリームを浮かべたお茶」という意味ではありません。「クリーム」はスコーンに添えられたクロテッドクリームのこと。つまり、「クリームティー」はクロテッドクリームとジャムが添えられたスコーンとお茶のセットのことなんです。

I 田舎で車を走らせるとティールームが出てくる時点で、夢の世界なんですが（笑）。

Y 素敵ですよね！ ロンドン郊外のキュー・ガーデンの近くにある**メイズ・オブ・オナー**[*3]という古いお菓子を伝統的に作っている老舗ニューエンズ（現 **The Original Maids of Honour**[*4]）のスコーンもおいしかったです。卵が多めのブリオッシュみたいなふんわりタイプ。

I クロテッドクリームと生クリームの違いは何ですか？クロテッドクリームの方がスコーンに合うんですか？

Y クロテッドクリームは生クリームよりも脂肪分が高く、バターよりも低い、イギリス特有の乳製品です。その歴史は大変古く、脂肪分の高い牛乳を弱火で煮詰め、ひと晩置いて、表面の脂肪分を集めて作られるとか。イギリスでは、その昔から、生クリームではなくクロテッドクリームがスコーンの相棒だったんですね。

＊1 ロンドンには数えられないくらい通った

『秘密のロンドン50』（毎日新聞社）という著書もあるロンドン通。

＊2 Vintage Heaven＆Cakehole ヴィンテージ・ヘヴン＆ケイクホール

82 Columbia Road,London, E2 7QB
www.vintageheaven.co.uk
主にイギリス製の1950～70年代の、磁器、陶器、ガラスなどのテーブルまわり、布もの、絵、本、家具などをとり扱うヴィンテージショップ。奥がカフェスペースになっている。土日のみの営業で金曜は要予約。

＊3 メイズ・オブ・オナー

パイ生地に卵やカッテージチーズ、アーモンドプードルなどで作ったフィリングを流し込んで焼いたエッグタルトのような形のお菓子。

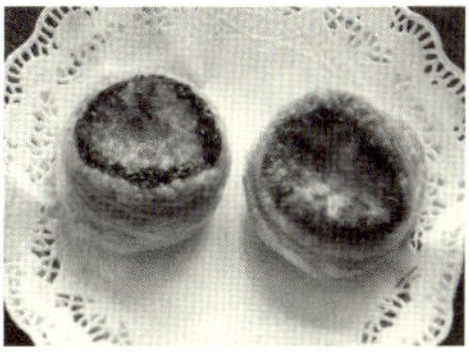

＊4 The Original Maids of Honour ザ・オリジナル・メイズ・オブ・オナー

288 Kew Road, Richmond, Surrey, TW9 3DU
www.theoriginalmaidsofhonour.co.uk
旧ニューエンズ。ヘンリー8世がレシピを宮殿の鉄の箱の中に隠したというエピソードも残るメイズ・オブ・オナーのレシピを受け継ぐお店。

＊5 アフタヌーンティーとハイティー

アフタヌーンティーはヴィクトリア朝時代（1837～1901年）の中頃にイギリスの貴族の間で起こった習慣。スコーンやケーキ、サンドイッチなどと紅茶を一緒に楽しむ。観劇のため夕食が遅くなるので午後4時頃に間食としてとる。一方、ハイティーは紅茶と共に楽しむ労働者の夕食のことで、肉も一緒に食べる。

アフタヌーンティーに味わうティーケーキ

I　**アフタヌーンティー**[*5]って、イギリス人はどのくらいの頻度でやるものなんですか？　週末に？　大体ティールームでやるものですか？

Y　ロンドンはパリよりも早くコーヒーブームが起き、紅茶人口が減っているとは聞いています。自宅で集まってお茶を飲みながらお菓子をいただくのは、上流階級のおばあさまやおじいさまがいらっしゃるご家庭などでしょうか。田舎の方が階級に関わらず、その習慣が残ってたりするかもですね。

I　ＣＭに昔出てたトワイニング伯爵の家みたいなところでやるイメージです（笑）。

Y　スコーンって、ロンドンだといろんなところで売ってます。スーパーマーケットには袋パンならぬ袋スコーンも売ってますよ！　あと、生地はブリオッシュに近いと思いますが、**ティーケーキ**[*6]っていう名前のパンも。

I　ティーケーキってパンなんですか？

Y　イギリス版のイースト発酵菓子でしょうか。カランツやレーズンが入っています。イギリスはレーズンよりもカランツの方がポピュラーですよね。カランツは小さくて色が濃いので、生地の中に入っている感じがレーズンよりもかわいいんですよ。

I　ティーケーキは焼いて食べるんですか？

Y　焼いて食べます！　**Fortnum & Mason**[*7]のティールームで食べたときもベーグルみたいに真ん中からスライスして、トーストされて出てきました。

I　お菓子なのに二度焼きするという。サイズ感もアフタヌーンティー的上品さですよね。ティーケーキは何か塗って食べますか？

Y　バターとジャムです。

I　お菓子なんだけど、食べ方はパンという。レシピをぜひ知りたいですね。

▼　レシピ―**ティーケーキ**　→１８４ページ

サンス・エ・サンス
スコーン
182ページ

B・B・B POTTERS
スコーン
182ページ

ダンディゾン
ブルーベリーのスコーン
182ページ

チクテベーカリー
スコーン
182ページ

池田流スコーン進化論

Y 日本のパン屋さんで、スコーンって売ってますか？

I 売ってますね。女性店主だと特に多い気がします。

Y 2000年に入って、女店主の焼き菓子屋さんって増えましたよね。私は名古屋でbabooshkaというカレー屋をやっている友人に教えてもらった**SHOZO COFFEE STORE**[*8]のスコーンが好きです。あと、ギャラリーフェブの引田かおりさんに教えてもらった**みつこじ**[*9]のスコーンも。福岡にある**B・B・B POTTERS**[*10]という雑貨店のカフェの**スコーン**（18ページ写真）も、素朴で軽く持ち上がった感じが好きで、よくテイクアウトします。池田さんは？

I **チクテベーカリー**（175ページ）、**サンス・エ・サンス**[*11]、粉花（123ページ）、……おしゃれな店ばかりですね（笑）。**ダンディゾン**[*12]の**ブルーベリーのスコーン**（粉花以外共に18ページ写真）は、外側カリカリはスコーンらしく、中身はしっとりシューッとスコーンらしからぬ未体験な溶け味でした。

スコーンの名を最初に聞いたのって、アフタヌーンティーブームの時代です。それまで全然知らなかったのに、突如おしゃれな食べ物として世間に浮上しました（笑）。スコーン進化論の仮説を考えたんですが……。

Y それ、おもしろそうです。

I 第1次アフタヌーンティーブームの時代、第2次生クリーム時代、第3次アメリカ時代。僕の中での変遷と勘違いの歴史ですが（笑）。

Y 第2次から、すでにわかりません（笑）。

I アフタヌーンティー時代に、これがスコーンか！ と飛びついて、うまいうまいと食べてたんですが、自分的には結構、無理してまして、口の中がカラッカラなのに、おしゃれじゃないと思われたくなくて黙ってました（笑）。でも、みんなも同じように思ってたみたいで、そこから模索が始まります。

Y 模索が始まる？

I 段々しっとりしてきたんです。それが生クリーム時代。

Y つけて食べるってこと？ それとも生地の中に入ってるってことですか？

I　後者です。本来、お茶やホイップクリームとかで（口の中の水分を）整えて食べるべきなんでしょうが。

Y　いまやっと理解できました。スコーンをそのまま食べる場合の進化論なんですね。そのままムシャムシャなんて、スコーンの魅力半減ですよ！

I　パン屋で買う人はそのままムシャムシャ食べると思います。ホイップクリームなしでスコーン食べてはならぬ、だと、結構ハードルが高いです。最近はパン屋の方が、生地に生クリームを入れたりして、客に合わせて段々しっとりさせてくれてるという流れかなーというのが僕の体感のスコーン進化論です。

Y　日本では、ムシャムシャと食べる人用にスコーンが進化したというわけですか？　アメリカ時代とは？

I　第3次のアメリカ時代は、スターバックスの世界制覇による、エスプレッソバースタイルのスコーン。チョコチップやくるみなど、クッキー生地と同じように、いろんな具を入れちゃえみたいな。生地もしっとり系で。でも、スコーンの魅力って僕は「粉っぽさ」だと思うので、しっとりさせ過ぎるとそれが消えていく気がします。

Y　そうですよ。粉っぽいスコーンをザックリと半分に割って、クロテッドクリームとジャムを塗り、ミルクティーと一緒にいただく。これがスコーンの醍醐味です。

＊6　ティーケーキ

＊7　Fortnum & Mason
フォートナム＆メイソン

181 Piccadilly, London, W1A 1ER
www.fortnumandmason.com
ロンドンの中心、ピカデリー地区に本店を構える創業1707年の高級デパート。300年以上続く歴史の中で、王室御用達店の称号を数多く受けている。日本では紅茶がよく知られているが、代表的なイギリス料理、スコッチエッグ（ひき肉に包まれたゆで卵）を世に送り出したのも同店である。

＊8　SHOZO COFFEE STORE

東京都港区南青山3-13
COMMUNE246
9:30〜18:00（土日祝11:00〜）
不定休
www.shozo.co.jp
コーヒーブームの先駆け的存在であり、コーヒー好きの聖地ともいわれる那須の1988 CAFE SHOZO。東京にいながらにしてSHOZOのコーヒーと焼き菓子がいただけるという贅沢な場所。

＊9　mitsukoji／みつこじ

mitsukoji.com
2007年からジャムの製造を始め、ジャムとスコーンを中心に全国のお店に委託販売やイベントを行う。ジャムは2016年のイギリスのマーマレードアワード、職人部門で金賞を受賞。

＊10　B・B・B POTTERS

福岡市中央区薬院1-8-8
092-739-2080
11:00〜20:00
（カフェ11:30〜19:30LO）
不定休
www.bbbpotters.com
2016年で25周年を迎えた福岡の老舗雑貨店。衣食住が豊かになる充実した品揃え。ショップ2階には広々としたカフェがあり、焼き菓子なども販売。

ティーケーキ

材料／直径8～9㎝　6個分

熱湯——70㎖
紅茶
（プレーン、ティーバッグ）
——1個
レーズン——40g
オレンジピール（角切り）
——20g
牛乳——80㎖前後
インスタント
ドライイースト——3.5g
強力粉——220g
塩——小さじ½
バター——30g
砂糖——20g

作り方

1　分量の熱湯に紅茶を濃いめに抽出し、レーズンとオレンジピールを1時間ほど浸す。

2　**1**を漉してレーズンとオレンジピールをとり出し、牛乳を加え、合わせて140㎖にする。レーズンとオレンジピールはとっておく。

3　**2**を電子レンジ（500W）で30秒ほど加熱して、人肌（30～40℃）にする。

4　イーストを**3**で溶いてなめらかな状態にし、5分ほど置く。

5　ボウルに強力粉と塩を入れ、手で軽く混ぜる。バターを加え、粉をまぶしながらバターをつぶし、ポロポロした状態になるまで手で混ぜる。

6　**5**に砂糖と**2**のレーズンとオレンジピールを加え、混ぜる。

7　**6**の生地の中央にくぼみを作り、**4**を注ぐ。もみ込むようにして粉気がなくなるまで手で混ぜ込む。

8　打ち粉（分量外）をふった台の上に**7**をのせ、10分ほどこねる。

9　生地がなめらかになったら、ラップをし、オーブンの発酵機能を使うか、30～40℃のところに1時間半置いて発酵させる。

10　**9**が2倍に膨れ上がったら、生地をげんこつでつぶして空気を抜く。台の上にのせて6等分にカットし、それぞれを丸め、少し平たくなるように押しつぶす。

11　ベーキングシートを敷いた天板に、**10**をすき間をあけて並べ、オーブンの発

12 酵機能を使うか、30〜40℃のところに30〜45分置いて発酵させる。200℃に予熱したオーブンで15〜20分焼く。焦げ目がつき過ぎるときは、アルミホイルをかぶせて焼く。

レシピ2

プレーンスコーン

材料／直径6.5cmの菊型　6個分

無塩バター——100g
薄力粉——250g
ベーキングパウダー——大さじ1
塩——小さじ¼
砂糖——50g
牛乳——80ml
卵——1個

作り方

1 バターは1cm角に切る。ボウルに薄力粉、ベーキングパウダー、塩、砂糖と切ったバターを入れ、粉をまぶしながらバターをつぶし、ポロポロした状態になるまで手で混ぜる。

2 牛乳に卵を割り入れて混ぜる。

3 **1**に**2**を加えて手で混ぜる。ひとかたまりにまとめ、ビニール袋に入れて厚さ3cmにし、冷凍庫で10分ほど置く。

4 **3**を冷凍庫から出し、打ち粉（分量外）をふった台の上にのせ、菊型で抜き、抜いたものを冷蔵庫に入れる。

5 残った生地は、再びひとかたまりにまとめて厚さ3cmにし、冷凍庫で同様に冷やし固めてから菊型で抜き、抜いたものを冷蔵庫に入れる。同様にして6個分作る。

6 ベーキングシートを敷いた天板に、冷蔵庫から出した**4**と**5**を並べ、220℃に予熱したオーブンで15〜20分焼く。（Y）

しかも、しっとりしたスコーンって、家庭で作る場合だと難しい食感なんです。小麦粉と砂糖の中に小さく切ったバターを入れ、小豆大になるくらいまでポロポロさせる。で、牛乳や卵を加えてまとめます。粉の中に残ったバターの粒が大きいほどザックリとしたスコーンに。ただし、フードプロセッサーなどでバターを見えないくらいに小さくしてしまうと、つるんとしたしっとりめのスコーンになると思います。

I　しっとりさせるために生クリームを入れるという話はよく聞きますが、生クリームが入ってるわけではないのですね。

Y　しっとり系のスコーンには、生クリームが入っていることもあると思います。あくまでも私の意見ですが、スコーンのザクザク感は、生地の中に残っているバターの粒の大きさによると思います。そのバターを粉と同じくらい細かくして生地に混ぜ込むと、大げさですが、バターケーキと同じようにきめ細かくなり、しっとりとした生地に近くなります。

I　そのザクザクはおいしそう。ゆりこさんのスコーンのレシピ知りたいです。

Y　スコーンは大好きなので、試行錯誤の末、いまのところ一番おいしく焼けるレシピをご紹介します。

▼ レシピ2―**プレーンスコーン**　→185ページ

おいしさの基準はバランスといびつ感

I　粉っぽいって悪い表現みたいですが、僕はプラスの意味で使っています。それは食感でもあり、フレーバーでもあります。口の中でざらつきがある食感だと、小麦っぽいフレーバーも濃いです。小麦粉の袋を開けた瞬間みたいな香りがあるというか。スコーンでいうと食感ザックリの方が小麦っぽいフレーバーもあるような気がしてます。しっとりに寄せると、小麦っぽさがなくなっていく気がします。僕の中ではそこのバランスがいいのが、おいしいスコーンですね。

Y　素材すべてがひとつになると、個々の素材感がわかりにくくなりますよね。

I　おいしさって、そのギリギリにあるのではないかと。僕、スコーンのサイドに惚れるんです。上から見るとツルッとしてるけど、あの割れた感じにグッと来ますよね。

Y　わかります。スコーンの割れ目は、パイ生地が層になる原理と同じなんです。粉の中に入り込んだバターが高温で一気に溶けて、そのとき出る蒸気の力で粉が持ち上がります。スコーンの生地にはバターがいびつにまばらに入っているので、焼き上がりがゴツゴツした感じになりますが、折り込みパイ生地はバターがシートのように潜り込んでいるので、均一に持ち上がるというわけです。

I　やっぱり、おいしいスコーンはいい顔をしてると思います。

Y　ツルッとした品のいいスコーンよりも、ゴツゴツしたいびつなスコーンの方がいい顔してますよね。

I　いびつ感もスコーンの魅力かと。いびつ感って日本人はなかなか持ち得ない感覚だと思います。きれいに作り過ぎるというか。

Y　スコーンの進化はこれから楽しみではありますが、やはり、根つからのスコーン好きとしては、お茶とクリームとかバターやジャムで食べる人種も増えてほしいですね（笑）。

＊11　サンス・エ・サンス
東京都町田市つくし野1-28-6
042-850-5909
営業時間、定休日はホームページで確認
sensetsens.jp
アイテムそれぞれの意味を見つめ理論的に突き詰めて作る孤高の職人・菅井悟郎シェフによるカフェ。素材を厳選、口の中での溶け方などを計算し尽くして、パンと料理の最もおいしい瞬間を提供。パンのテイクアウトのみの利用は不可。

＊12　ダンディゾン
東京都武蔵野市吉祥寺本町2-28-2 B1F
0422-23-2595
10:00～18:00　火曜・水曜休み
www.dans10ans.net
ガラスケースの中に並ぶスタイリッシュでモダンなパンのみならず、近年は、伝統と素材への深い理解に基づく、パン・オ・ルヴァンやシュシュといった、自家培養発酵種のパンなども展開。

パンケーキ

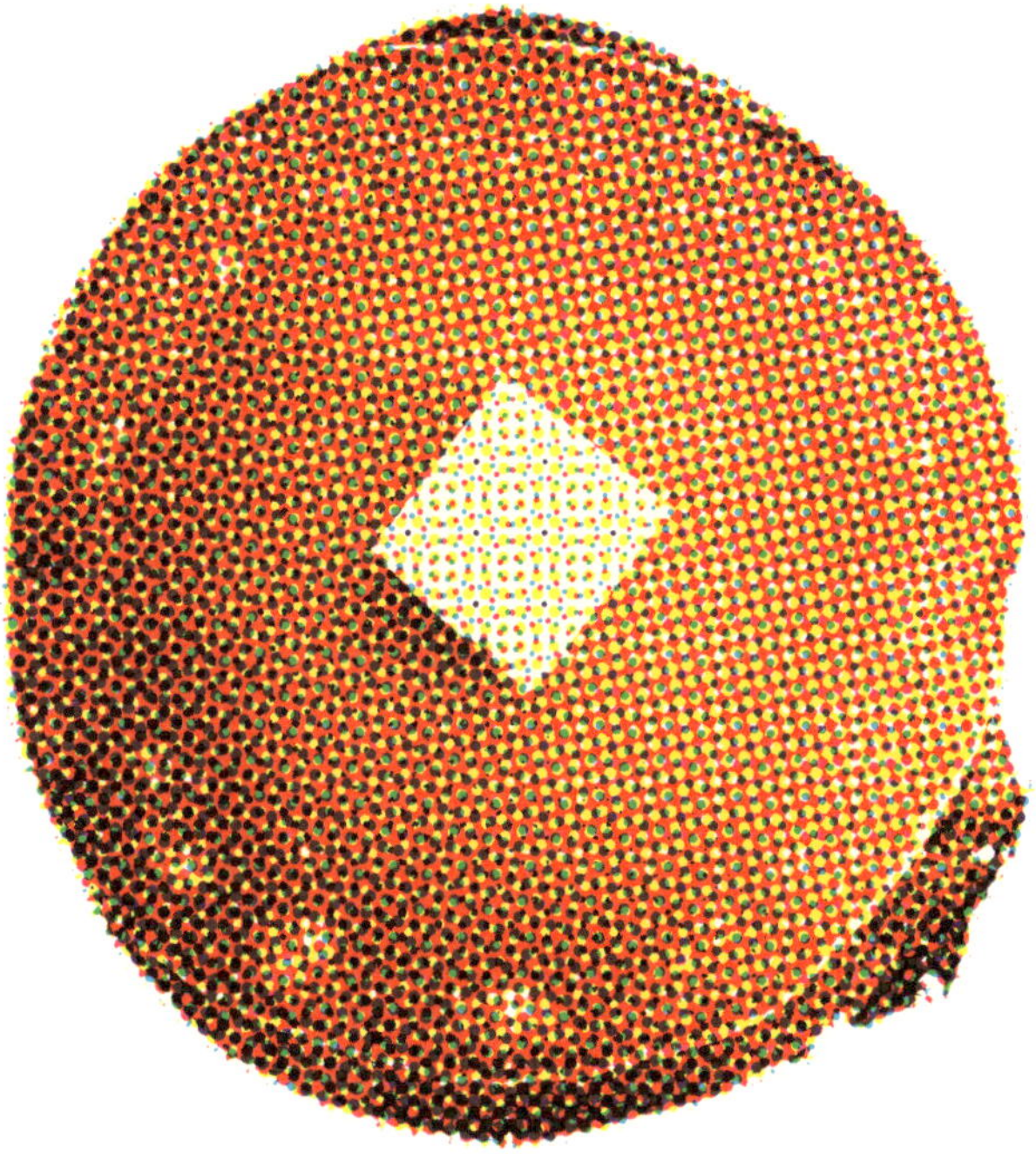

いままで沈黙していた担当編集者のK女史であったが、あまりにパンケーキを好き過ぎ、会話に乱入してきた。彼女はパンケーキのレシピ本を編集したことがある他、アメリカ本土、ハワイ、東京といろんな店でパンケーキを食べ歩いている。広範なる知識と深い愛情に満ちた言葉は傾聴に値するもので、この章に限ってK女史も会話に登場することとなった。（I）

山本、オリジナルパンケーキを作る

Y　福岡に戻ってから、毎年、B・B・B POTTERS（―83ページ）という雑貨店のカフェでパンケーキを焼かせてもらっているんです。編集者＋ライターの**赤澤かおりさんのハワイイベント**[*1]と絡めてパンケーキを出そうということになって。

I　へー、どんなパンケーキですか？

Y　ハワイにもアメリカにも行ったことがないので、ほぼオリジナルです。ただアメリカのパンケーキって**バターミルク**[*2]を使うって聞いていたので、バターミルクの代わりにサワークリームを使って軽い酸味とコクをプラスしています。あと、ちょっと手間なのですが、卵白を泡立ててから加えているんです。バターミルクは日本では手に入りにくいので、牛乳とプレーンヨーグルトを１：１でも代用できるそうです。

I　パンケーキに酸味が入るとおいしいですよね。甘さをさっぱりとさせるし、唾液を分泌させて口溶けをよくするでしょう。

Y　トッピングも悩みました。**エッグスンシングス**[*3]などを参考にしました。

K　２０１０年に日本に上陸し、パンケーキブームを起こしたといわれているハワイのお店ですね。モッチリとした生地にホイップクリーム、たっぷりのフルーツというハワイのパンケーキのイメージを作ったお店なのですが。

I　本場のハワイではどんなフルーツがのってるんですか？

K　いちご、ブルーベリー、バナナが定番ですね。たっぷりのホイップクリームが売りです。甘さは控えめで、軽い味。

I　いちごとたっぷりクリームって、日本人に受ける要素満載じゃないですか（笑）。

Y　それで、最初の年の2012年は3種類のうち1種に、たっぷりの薄切りバナナとシナモンと粉砂糖をのせたパンケーキを提案しました。

I　ゆりこさんのには生クリームはつかなかったんですか？

Y　私は生クリームたっぷりというのがあまり好きではないのです。パンケーキそのものがおいしければ、バターとメープルシロップやはちみつを少しだけで十分という、自分で作るならそんなパンケーキが理想です。

池田、パンケーキを食べ歩く

I　Kさんにもらったおいしい店のリストを片手に、いろんなパンケーキ屋をまわってきました。

Y　どこのお店が好きでしたか？

I　**ももちどり**[*4]に感動しました。モチモチですが、もっとやさしくて引きがない感じなのが衝撃的でした。で、結構、塩味なんですよね。シロップがかかって完成というか。それが最近のパンケーキの傾向なんですか？

Y　塩味が強いのは、私も最初に感じたことです。粒で入

＊1　赤澤かおりさんのハワイイベント
ハワイに関する書籍をたくさん出している赤澤かおりさんが、布構成家の丹羽裕美子さんと行ったイベントAloha Tailor of Waikiki。アロハシャツをリメイクしたサーフパンツやスカート、バッグなどを販売した。

＊2　バターミルク
搾り立ての牛乳をしばらく置いておくと分離してクリームができる。それを撹拌してバターを作ったあとに残った液体のこと。ほのかな酸味があり、アメリカではパンケーキやワッフル、焼き菓子などに使う。

＊3　エッグスンシングス
www.eggsnthingsjapan.com
2010年に日本に上陸したハワイ発祥のカジュアルレストラン。ホイップクリームとフルーツがたっぷりのパンケーキに長蛇の列ができた、パンケーキブームの火つけ役。

＊4　ももちどり
東京都渋谷区代々木5-55-5 2F
予約制。営業日、時間等はホームページで確認
www.momochidori.com
ハンドドリップのコーヒーと手作りのパンケーキを静寂に満ちた空間でいただくカフェ。

クリントン・ストリート・ベイキング・カンパニー

パンケーキwithメープルバター（チョコレート）

194ページ

イワタコーヒー店

ホットケーキ

200ページ

実験１

おいしいパンケーキミックス ベスト5

近年のパンケーキブームで、国産、輸入品を問わずパンケーキミックスの種類が増えている。たくさんあるパンケーキミックスの中から、プレーンなタイプ、バターミルク入りを選んで食べ比べし、ベスト5を選んだ。（Y）

ディーン&デルーカ
ハワイアンバターミルク
パンケーキミックス

アメリカの食料品店ディーン&デルーカオリジナル。直径10cm程度が約10枚焼ける。加える材料は水だけなので、材料を揃える必要がないところがいい。塩味がやや強めであっさり。パンのような感じで食事にも合う。
購入先：ディーン&デルーカ各店舗（135ページ参照）

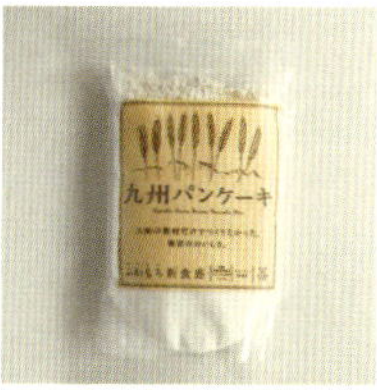

九州パンケーキ

九州産の厳選素材で作ったミックス。直径約12cmが7枚焼ける。加える材料は卵と牛乳。小麦粉の他に、もちきび（長崎）、赤米（福岡）、黒米（熊本）、発芽玄米（宮崎）なども入っているので、穀物の甘味が感じられ、サックリとした食感に焼き上がる。どちらかといえば食事向き。
購入先：九州パンケーキ（www.kyushu-pancake.jp）

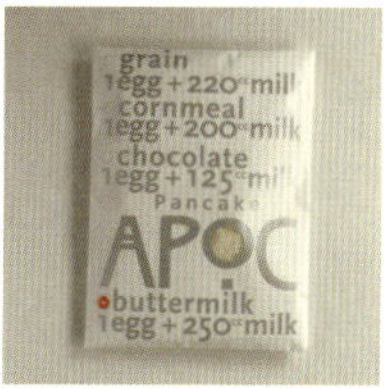

APOC
バターミルクパンケーキミックス

菓子・料理研究家の大川雅子さんが営むパンケーキ専門店APOCのオリジナル。加える材料は卵と牛乳。ほんのり感じられる甘味がほどよく、生地の口溶けもよい。甘くして食べたくなるパンケーキ。約10枚分。
購入先：APOC（195ページ参照）

PANCAKE MIX BY YURIKO YAMAMOTO
山本ゆりこのパンケーキミックス

菓子・料理研究家の山本ゆりこが、福岡産の上質な小麦粉を使ってブレンドしたミックス。サワークリームを使って、レシピ通りに作れば、本人がイベントで焼いている人気のパンケーキと同じ味に（1袋で約10枚分）。ミックスに牛乳と卵を入れるだけでも（1袋で約5枚分）。
購入先：B・B・B POTTERS（183ページ参照）

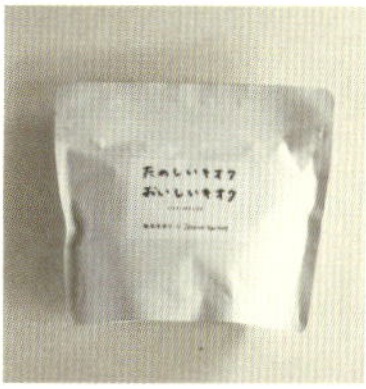

たのしいキオク おいしいキオク パンケーキミックス
桑原奈津子＋Dans dix ans

吉祥寺の人気パン屋ダンディゾンと、粉に精通している菓子研究家の桑原奈津子さんのコラボレーションミックス。2袋入り、1袋で4枚分。加える材料は卵、牛乳、ヨーグルト、バター。粉の香りが生きたパンケーキらしいパンケーキで、食事でも甘くしても合う。
購入先：ダンディゾン（187ページ参照）

ってる？　って思うくらいの塩味を感じました。モチふわで口溶けいいですよね。引きがないというのは、しつこくないという感じですか？

I　グルテンがかたくなってないという意味です。あのやさしい食感は、職人技でないと出ない。わざわざ食べに行く価値のあるお店だと思いました。

K　私が好きなお店は**APOC**[*5]です。昔、アメリカ本土で食べた、しっとりとしてやわらかい薄い生地のパンケーキを思い出させてくれます。ハワイのパンケーキもそういう生地で、ハワイから上陸した店は基本的にそのタイプです。でも、最近の日本のパンケーキはむしろ、**クリントン・ストリート・ベイキング・カンパニー**[*6]（192ページ写真）にしても、**IVY PLACE**[*7]にしても、ホットケーキとパンケーキの中間ぐらいの食感で、噛み応えと厚みがある印象です。あと、最近の傾向に、リコッタチーズを使ったふわトロ系がありますよね。

I　ふわトロ系の人気店にもKさんの指令で行きました（笑）。

Y　テレビでしか見たことありませんが、焼きスフレみたいですよね？

I　まさにスフレですね。口の中に入れた瞬間に溶けていきますからね。リコッタは酸味だけでなく、コク、油分、乳酸菌の甘さをパンケーキに加えていました。

Y　私が大好きなダンディゾンのパンケーキミックス（193ページ）は、ヨーグルトを加えるレシピです。市販のホットケーキミックスにヨーグルトを入れてもおいしいですよね。卵も牛乳も使わず、小麦粉、ベーキングパウダー、砂糖、ヨーグルトだけでもおいしいパンケーキができます。

クレープもパンケーキである

Y　パンケーキのパンはフライパンのパン、総じて鉄板で焼くケーキのことなんですが、『食べるアメリカ』（平松由美著、駸々堂出版）によると、インディアンの言葉ともオランダ語ともいわれているみたいです……。

I　発酵をとらないパンの元祖。

Y　はい。だから世界中にパンケーキ的なものが、存在しているんですよね。ヨーロッパはクレープ、つまり「薄いパンケーキ文化」です。フランスに限らず、イギリスやオランダ、オーストリア、チェコ、北欧、バルト三国なんかにもあります。「クレープ」ってフランス語なので、それ以外の国では、例えばイギリスでは「パンケーキ」っていいますし、チェコでは「パラチンキ（ケ）」というように、その国の言葉で呼ばれているみたいですよ。そして、ドーナツの章でお話したカーニバル（152ページ）と関係のあるハレのお菓子なんです。

I　クレープはアメリカにパンケーキが渡る前の姿なんですね。

Y　パンケーキ・デーもマルディ・グラ（肥沃な火曜日）も、カーニバルの最終日に当たる火曜日に設けられた「パンケーキ（クレープ）を食べる日」なんですよね。古代や中世の人は、翌日の灰の水曜日から、肉、卵、乳製品を食べない生活に入るでしょう。だからその前に卵なんかを消費してしまおうというところから始まった習慣だそうですよ。

I　もともとユダヤでも、この期間は無発酵パンを食べます。発酵は性を意味するので、神聖な期間には避ける傾向があるとか。教会のミサのときに食べるパンがおせんべいみたいな無発酵パンであるのもそういう意味ですね。パンケーキが無発酵パンの役割をしているのかもしれません。

＊5　APOC
東京都港区南青山5-16-3-2F
03-3498-2613
12:00～18:00
火曜・第1、3水曜休み
www.sasser.ac/apoc
菓子・料理研究家の大川雅子さんによるパンケーキ専門店。厳選素材のみを使用したパンケーキミックスも人気。

＊6　クリントン・ストリート・ベイキング・カンパニー
東京都港区南青山5-17-1
YHT南青山ビル
03-6450-5944
8:00～22:00　不定休
clintonstreetbaking.co.jp
アメリカのトラディショナルな料理を旬の食材を使って作るニューヨークの店。ブルーベリーパンケーキが本国でも評判。

＊7　IVY PLACE
東京都渋谷区猿楽町16-15
03-6415-3232
7:00～22:00LO（パンケーキ～17:00）
無休
www.tysons.jp
モーニング、ランチ、ディナーとシーンに合わせて活用できる一軒家レストラン。

パンケーキをおいしく食べるトッピングのアイデア

あんこ＋サワークリーム

材料／1人分

あんこ（粒、市販のもの）――適量
サワークリーム――あんこと同量

作り方

1 サワークリームは混ぜてなめらかにする。
2 焼き立てのパンケーキの上に、あんことサワークリームをのせる。

＊サワークリームの代わりにバターも合う。

バター＋黒糖シロップ

材料／1人分

バター――適量
黒糖シロップ
水――50ml
黒砂糖――50g

作り方

1 バターは好みの形に切って冷蔵庫で冷やしておく。
2 小鍋に分量の水と黒砂糖を加えて混ぜ、中火にかける。軽くとろみがつくまで1分〜1分半煮詰める。
3 焼き立てのパンケーキの上に1をのせ、2をかける。

オレンジのポワレ＋はちみつ

材料／1人分

オレンジのポワレ

オレンジ——½個　バター——10g

コワントロー（あれば）——適量

はちみつ——適量

作り方

1　オレンジは皮をむき、乱切りにする。

2　フライパンにバターを入れて中火にかけ、溶けたところに1を入れる。

3　軽く焦げ目がついてきたら、コワントローを入れて火を止める。

4　焼き立てのパンケーキの上に3をのせ、はちみつをかける。

レモンカード

材料／作りやすい分量

卵——2個　レモン汁——100ml

砂糖——170g　無塩バター——30g

作り方

1　ボウルに卵を割り入れ、泡立て器で混ぜる。

2　鍋にレモン汁、砂糖、バターを入れ、弱火にかけながら、木べらでゆっくりと混ぜる。

3　2が沸騰し、砂糖が完全に溶けたら火を止め、沸騰した泡がなくなるまで放置する。

4　3を少しずつ1に加えながら、泡立て器で混ぜる。完全に混ざったら鍋に戻し、再び弱火にかける。

5　鍋底を木べらで8の字になぞりながら、とろみがつくまでかき混ぜ続ける。

6　とろみがついたら火からおろし、煮沸消毒して乾かしておいた瓶に入れ、蓋をしっかりと閉める。

7　焼き立てのパンケーキの上に6を塗る。（Y）

あと、イギリスのパンケーキ・デーでは、フライパンにパンケーキを入れてみんなで走るらしいです（笑）。

Y フランスのマルディ・グラと同じ日ですよね。レモンの搾り汁とグラニュー糖をかけて、クルクル巻いて食べるのがイギリスの食べ方になります。

I それいいなー。

Y 合わせるフィリングやトッピングなんかにも国民性が出そうですよね。ちなみにフランスはバターとグラニュー糖が一番シンプルな食べ方。あと、クレープはブルターニュ地方が発祥なので、近年、ブルターニュ名物の塩バターキャラメルソースをかけて食べるのも人気ですね。

K イギリスで薄いものだったパンケーキがアメリカに行って厚くなったという流れではないんですかね？　マフィンのようにベーキングパウダーを活用して膨らませた可能性はありますよね。

Y 確かに。クレープのままだったら、アメリカ人はお腹いっぱいにならなくて辛そうです（笑）。いま、日本で流行っているパンケーキっていうのは、やっぱりアメリカの食文化なのかな？　アメリカだとダイナーとかで朝食として食べるイメージがありますが。

K パンケーキに目玉焼きとベーコンをのせて、メープルシロップをかけて食べるみたいです。

Y 甘じょっぱいのって、はまりますよね。欧米の粉ものは甘いタイプだけでなく、食事用のしょっぱいのがあるのも特徴です。

I アメリカ人は甘じょっぱい味が好きですよね。パンケーキもそうですし、マフィンでさえおかず系のがあります。

始まりは昭和のホットケーキから

Y パンケーキとホットケーキの違いってご存知ですか？　私は、ホットケーキは日本にパンケーキが入ってきたときについた和製語だと思っていたんですけど。アメリカにも「ホットケーキ」ってあるみたいなんですよね。

I アメリカ英語みたいですよ。でも、いまの日本ではホットケーキとパンケーキの違いは「厚さ」だと認識されてますよね。

Y 小さい頃、ホットケーキミックスを買って、写真みたいにぶ厚くならないので、写真は過剰広告だって、ずっと思ってました（笑）。

I 僕もそれ、子供の頃、不満でした！　写真のホットケーキにめちゃくちゃ憧れました！

Y あれ、セルクル（型）とか使わないとできないくらい立派な厚さでしたよね。きっとホットケーキミックスを買って作った全員が首をひねったと思いますよ（笑）。

I 子供の前に立ちふさがる理不尽さって、大人になるための原動力です（笑）。

Y はい！　あの厚さになるって信じて、がんばりましたもの。

I それにしても、昭和のホットケーキがいつの間にかパンケーキとして流行の最先端に躍り出た流れは興味深いですね。それと、思うのは、パンケーキってメープルシロップ味がすごく多いなと。もっと新しい可能性があると思うんですよ。ソースや具にはどんなバリエーションが考えられるのか、ゆりこさんに聞いてみたいと思ってました。家で簡単にできると楽しいですし。

Y もちろんです。パンケーキブームでいろんなパンケーキミックスも出ているので、おいしいパンケーキミックスおすすめベスト5を選ぶのも楽しそうじゃないですか？

I それは知りたいです！

＊8　ホットケーキパーラー Fru-Full
東京都港区赤坂2-17-52
パラッツオ赤坂103号室
03-3583-2425
11:00～19:30（土日祝～18:00）
月曜・第3日曜休み、不定休
www.frufull.jp
惜しまれつつ解散した万惣フルーツパーラーの流れを汲む店。ホットケーキをはじめ、新鮮で色鮮やかなフルーツのみを使用したフルーツパフェやフルーツサンドも名高い。

＊9　イワタコーヒー店
神奈川県鎌倉市小町1-5-7
0467-22-2689
10:00～17:30　火曜・第2水曜休み
戦後すぐの時代から鎌倉駅前で続く老舗の喫茶店。2枚で厚さ約7cmもあるホットケーキが名物。

▼実験1　**おいしいパンケーキミックスベスト5**　→193ページ
▼実験2　**パンケーキをおいしく食べるトッピングのアイデア**　→196ページ

池田、パンケーキを分類する

K　いまの日本で流行っているパンケーキを、池田さんに分類していただきたいです。日本ほどパンケーキのバリエーションがある国はないと思うので。

I　Kさん、ハードル上げてきますね（笑）。

Y　氾濫するパンケーキを整理するの、私からも、ぜひお願いしたいです。

I　こんな感じでしょうか。

・薄くてしっとりやわらか系（アメリカの定番タイプ）＝ももちどり、APOC
　モチッとしてるんだけど、弾力の方にいかない。はね返らず、溶けていく感じが、やさしく受け入れてくれてる感。

・グルテン強めの弾力系（パンケーキとホットケーキの間）＝クリントン・ストリート・ベイキング・カンパニー、IVY PLACE
　ちょっと厚くて、基本やさしめの構えながら、すぐ溶けないで、はね返ってくる感じが素朴さを演出。

・甘味処にあるような定番ホットケーキ系＝**Fru-Full**[*8]
　懐かしさを食べる。レトロなティールーム的上品さ、心地よさのラグジュアリー感を味わう。

・極厚系＝**イワタコーヒー店**[*9]（192ページ写真）
　ぶ厚く見せておいて、意外と口溶けよくてモグモグしない。フルーツ山盛り系と同じく、見た目だけで萌えられることもあり、SNS時代に再注目。

まさに百花繚乱。日本がこんなにパンケーキ大国になってるなんて、イギリス人やアメリカ人が驚くでしょうね（笑）。

シュトレン

シュトレンの人気の秘密を探る

I　シュトレンって僕にとって不思議なパンなんです。必然性って何なのか、ずっとわからずにいた。先日、**ベッカライ・ビオブロート**[*1]にうかがったら、松崎太シェフが**シュトレン**（208ページ写真）を作ってらっしゃった。松崎さんはドレスデンでも修業されてた方で。

Y　シュトレンはドイツのドレスデンが発祥ですよね。

I　はい。それで「僕はシュトレンが何なのかいろいろ食べてもわからないんですが、ビオブロートのシュトレンが好きだということだけはわかります」といったんです。そしたら「自分もわからないから試行錯誤しながらやってきました」と。本場でマイスターになられた松崎さんにして、そうなのかと。

Y　深いお話ですね。

I　どういうことかというと、ビオブロートはオーガニックの全粒粉を使うことが出発点。石臼で玄麦を自家製粉してパンを作る。シュトレンも全粒粉で作る。全粒粉なので風味が強い。全粒粉とバランスが釣り合うまでどんどんバターを足していって、現在の形になったと。そのシュトレンの魅力は、小麦とバターがクリアに合わさって両方の声が聞こえてくるところ。小麦とバターを食べるものがシュトレンなんだなと。自分はそれが好きなんだと。

Y　あるドイツ人の方が、シュトレンとバームクーヘンはドイツよりも日本の方がたくさんあるんじゃないっておっしゃってて。ここまでシュトレンが注目されるようになった理由を自分なりに分析してみたのですが……。ハード系のパン生地にドライフルーツとナッツを練り込んだタイプって増えているし、女性にすごく人気がありませんか？かくいう私もそうなんですけど（笑）。ドライフルーツとナッツを組み合わせたパンって、粉もの好きの日本人女子の「好き」が詰まっている。もちろんシュトレンもしかりです。

I　**パン・オ・フリュイ**[*2]は、日本ではハード系が好きになっていく入口になっていますよね。昔は僕もニューヨーカースティックを食べまくってました。

Y　**サンジェルマン**[*3]のですよね！　私も大好きでした。20

数年前に一世を風靡しましたよね。あれがドライフルーツとナッツのパンの先駆けじゃないんでしょうか。

I 細く焼いてカリカリ香ばしいので、ナッツともすごく合っている。しかもドライフルーツまで入っているし。

Y シュトレンとフルーツケーキって、強力粉か薄力粉、イースト発酵かベーキングパウダーで膨らますかの違いで、入ってるものはそんなに違わないんですよ。それなのにシュトレンが注目を浴びる一方で、フルーツケーキはいまや過去のものになっています。

I それってなぜなんでしょうね。

Y シュトレンの、クリスマスを待ちわびながら、薄く切って少しずつ食べていくっていうその食べ方が素敵ですよね。そして、パンとケーキ、つまりパン・オ・フリュイとフルーツケーキの中間みたいな、パンのよさも残しつつお菓子に近いところもいいですし。

I どうも僕は、焼き込んでてパン自体の味がしっかりする、パン寄りのシュトレンが好きみたいで。カネルブレッド（51ページ）の**シュトレン**（208ページ写真）は焼き込んでいて、皮に香ばしさとともに崩壊感があった。ハード系の皮ってちょっと噛んだらガサガササッて、勝手に崩れるところがあるでしょ？　それって逆にルーツに近いのかなと、僕は思ったんです。昔は薪窯とかで焼いてたはずなん

＊1　ベッカライ・ビオブロート
兵庫県芦屋市宮塚町14-14-101
0797-23-8923
9:00～18:30　火曜・水曜休み
玄麦から自家製粉したオーガニックの小麦粉を使用。古今東西の文献を収集し、研ぎ澄ませた製法でフォルコンブロート（全粒粉パン）などを作る。

＊2　パン・オ・フリュイ
フランスではナッツもフリュイ・セック（ドライフルーツ）の仲間なので、ナッツやドライフルーツを混ぜ込んだパンの総称。

＊3　サンジェルマン
www.saint-germain.co.jp
1970年に渋谷に第1号店オープン。日本で本格的なフランスのパンの普及に努めてきたベーカリーチェーン。

で、焦げたシュトレンがあったとしてもおかしくないんじゃないか。窯の石に蓄熱されるんで火通りもいいでしょうし。

Y　石窯焼きシュトレン、想像するだけでおいしそう。

I　相前後してチクテベーカリー（175ページ）の**シュトレン**（208ページ写真）も食べました。シェフの北村千里さんは皮が好きだと公言している方で、パンをすごく焼き込むんですよ。シュトレンもすごく焼いていて、香ばしくて、崩壊感もあって。これは好みだなと。まさに森の恵みが合唱していると思いました。レーズンや柑橘の香りは、きらびやかなソプラノ。バスのように重く響きわたる甘さは、カシューナッツやアーモンド。しかもそれぞれのフルーツに合ったお酒で漬け込まれています。

Y　池田さん、詩人。

I　いえいえ（笑）。これらのシュトレンを食べて思ったのが、シュトレンは味覚のオーバーフロー。

Y　それはつまり？

I　いろんな具材が入っていて次から次にやってくる。自分の情報処理能力を超えた事態にさらされ、ついていけなくなるのが逆に快感。テンポの速いアクション映画みたいな。最初に砂糖を感じて、皮の香ばしさを感じて、ドライフルーツもいっぱい入ってて、ナッツもお酒も。もうついて行けないんですよ。人間がいっぺんに味わえる感覚を超えたところにシュトレンの魅力がある。だからすごくバランスが大事になる。バランスが悪かったら、具材をそれぞれすべて感じられない。オーバーフローの快感は起きない。それを起こせるのがおいしいシュトレンかなと。

一体感がある熟成タイプはドイツ人好み？

Y　すごくしっとりしてて、一体感があるシュトレンもありますよね。粉とバターといろんなものが次々と襲ってくるというよりは、それぞれの味もするけど、ひとつのものを食べてる感覚になるみたいな。

I　そのようなシュトレンが好きな人って、きっと僕よりドイツ人なんですよ。ドイツでは熟成すればするほどおいしいという文化。日本は作り立て文化で、刺身に代表されるように生食好き。ひとつひとつの味がフレッシュで立つてるのが好きなのかもしれません。僕はわりと分析的に食べるから、混じり合ってない方が好きなんです。熟成させると、バターとレーズンと果実の風味がお互いにだんだん移って、一体感が増してくる。と同時に水分が飛んで濃縮が起きる。それが熟成の意味だと思うんですけど、ドイツ人はそういうのが好き。クリスマスを通り越して翌年の春まで置いたシュトレンを食べたことがあります。**ベッカライ・コンディトライ・ヒダカ**[*4]（209ページ写真）のものです。日高シェフもドイツでマイスターの資格を得た人。パンの骨格がかろうじて保たれているというぐらいまで熟成が進んで、お酒やスパイスのきいたアイシングが浸透して生地と融合している。角がとれてすごくまろやかな味になっていて、しかも口の中でさらに混じり合って変化していくんです。

Y　ドイツのパンって、フランスのバゲットみたいにフレッシュ重視ではなく、長く置いてもおいしいパンが多いですよね。

I　おっしゃる通りですね。

Y　私がおいしいシュトレンを最初に食べたのは大学生のときです。いまみたいに手放しでおいしいって思えるものがない時代で、どれもパサパサしていました。そんなとき、研究室の先生がドイツから送られてきたシュトレンをおす

＊4　ベッカライ・コンディトライ・ヒダカ
島根県大田市大森町ハ90-1
0854-89-0500
10:00～17:00　水曜・木曜休み
世界遺産、石見銀山の町・大森の昔ながらの古民家で営業。看板商品はドイツで極めたブレッツェル。

そ分けしてくださったんです。センターにマジパンが入ってて、生地もしっとりしてて。それが生まれて初めておいしいと思ったシュトレンでした。

I　ヨーロッパの方がマジパンがおいしいイメージがあります。

Y　マジパンの主材料はアーモンドですよね。アーモンドは酸化による傷みが早いので、フレッシュであればあるほどおいしいマジパンになります。ドイツのマジパンは、ふわっとしてて、アーモンドパウダーとシロップを丁寧に練った感じがあって。まるでよく炊けた白あんみたいにフレッシュでおいしかったです。

I　日本では軽さを重んじるためか、マジパン入りでないものも多いですよね。でも、クラシックなシュトレンのよさもあると思うんです。それを教えてくれたのは、ブーランジェリーレカン（135ページ）が2015年に作った**シュトレンダマンド**（209ページ写真）。チェリーの痛烈な酸味とか、レーズンやクランベリーからフルーティな香りが強めのアルコールと共にムンムンと広がってすごく刺激的なんですが、アーモンドの温かい甘さが中和してくれるんですね。これもまたシュトレンにおけるバランスの大事さです（ブーランジェリーレカンでは毎年その年限りの新作を販売。2016年はシュトレンカルヴァドス）。

Y　シュトレンは個人的にすごく好きなので、ベーキングパウダーで簡単に作れないかと思って試行錯誤したら、できたんです。そのまま食べてもおいしいですが、溶かしバターをたっぷり塗り重ねれば、本物により近い感じになります。

I　ぜひ、そのレシピ教えてください！

▼レシピ―**ベーキングパウダーシュトレン**　→212ページ

ヨーロッパのクリスマススイーツ大集合

Y　それにしても、シュトレンって、ドイツでは**アドベント**[*5]を通して食べますよね。日本では宗教的な背景が忘れられがちですけど、シュトレンはキリストが誕生したときの白いおくるみを羽織った姿だという一説もあります。マジパンの芯がキリスト様で……。

I　クリスマスという行事自体、キリスト教がヨーロッパに定着する前にもともとあった森への信仰にルーツがあるといわれています。シュトレンも、もともとはそういうものなのかな。冬を越すため秋に森で採れたものを集めて保存する。それをお祝いのときに、まとめていっぺんに食べる。選んだわけではなくて、その時期にあるものを集めた。スパイスが入っていますが、昔は貴重なもの。特別な価値があっただろうし。歴史的背景から生まれた、昔の人にとったら、ものすごいごちそう。でも、僕はスーパーに行けば何でもある時代を生きているので、シュトレンの必然性がいまだにわからない。

Y　ドライフルーツとナッツが好きな女子のアンテナにはちゃんと引っかかるんですよ。そこは男子にはわからないところかもしれないですけど（笑）。

I　森の精と共振しているんでしょうね（笑）。

Y　フルーツやナッツを乾燥させて保存しておき、クリスマス、つまりハレの日のためのスイーツに仕立てる文化はヨーロッパの国々にありますよね。イギリスの**クリスマスプディング**[*6]や**ミンスパイ**[*7]、スペインの**トゥロン**[*8]、フランスのアルザス地方の**ベラヴェッカ**[*9]、イタリアの**パネトーネ**[*10]もそうですし。クリスマスにはスパイスを使ったお菓子も多いです。

＊5　アドベント
キリストの降臨を待ち望む期間。12月24日までの約1ヶ月。

＊6　クリスマスプディング
イギリスの伝統的なクリスマスケーキ。パン粉、牛脂、卵、牛乳にレーズンなどのドライフルーツ、ナッツ、スパイスを加え、プディング専用の型に入れて蒸し焼きにする。食べるときにブランデーをかけてフランベさせ、ブランデーバターやラムバターを添えて食べる。

＊7　ミンスパイ
みじん切りにしたドライフルーツを詰めた円形の小型パイ。もともとは円形ではなく、キリストのゆりかごを模した楕円形であった。現在は年中食べられるお菓子だが、エリザベス朝まではクリスマス限定のお菓子だったとか。

＊8　トゥロン
スペインの伝統的なクリスマス菓子。基本はアーモンドなどのナッツを使う、板状であるという以外は、見た目、食感、味が異なる。アーモンド、砂糖、はちみつ、卵白を合わせて固めたヌガーのようなものから、カラメルとアーモンドがそのまま固まったようなものまで種類は様々。

＊9　ベラヴェッカ
フランス・アルザス地方でクリスマスに食べられる。キルシュに浸けて干したりんごや洋梨などのたっぷりのドライフルーツとナッツをパン生地でつないだもの。

＊10　パネトーネ
イタリアの伝統発酵菓子。パネトーネ種でゆっくり発酵させたブリオッシュ似の生地に、刻んだレーズンやオレンジピールなどのドライフルーツを混ぜ込んで筒状に焼き上げたもの。もともとはミラノの銘菓で、クリスマス時期に、親族や友人に贈り合う習慣がある。

カネルブレッド
シュトレン
203ページ

ベッカライ・ビオブロート
シュトレン
202ページ

チクテベーカリー
シュトレン
204ページ

ベッカライ・コンディトライ・ヒダカ
シュトレン
205ページ

ブーランジェリーレカン
シュトレンダマンド
（2015年のもの。毎年新作のシュトレンを発売）
206ページ

パーネ・エ・オリオ
パネトーネ
210ページ

I　今年の収穫に感謝すると共に、来年の豊作を祈ったのでしょう。収穫の多い少ないは、昔は生命に直結していたはずですから。おせち料理なんかも似た感覚だと思います。もっと過去へさかのぼると、シュトレンは、もともとドライフルーツが入ってなくて、薪をかたどった棒のようなパンだったそうです。**ブッシュ・ド・ノエル**[*11]も木をかたどっていますよね。これらは、ヨーロッパ各地にあった、冬至の時期に森から木を持ってきたり、薪を燃やす信仰が変化したものだといわれています。この辺の事情は『誰も知らないクリスマス』（舟田詠子著、朝日新聞社）に詳しくのってます。

Y　去年、クリスマス前にパリに行ったのですが、老舗のデパート、ル・ボン・マルシェの食料品館ではイタリアから輸入したパネトーネを大々的に売り出していました。他のスーパーマーケットや食料品店でもちらほら。でも、シュトレンはあまり見ないんですよね。

I　パネトーネってすごいもので、これで発酵させると香りがすばらしいんですよ。**パーネ・エ・オリオ**[*12]というイタリアで修業されてた方のパン屋さんがあるんですが、イタリアの師匠の店から持ってきたパネトーネ種で**パネトーネ**（209ページ写真）を作ってます。

Y　パネトーネってどうやってできるものなんですか？

I　北イタリアのコモ湖周辺で産する種です。一説には、生まれ立ての仔牛が初乳を飲んだあとの腸からとり出した菌を元にして作るというんですが、パネトーネ種を輸入している会社の社長さんに聞いたら、「それは伝説で、北イタリアの方で採れる自然酵母がパネトーネですよ」という説明でした。

Y　パネトーネって「大きいパン」という意味ですよね。イタリア語で、パネが「パン」で、トーネが「大きい」って。

I　パネトーネの名前の説としてもうひとつ、トニーというパン屋さんが作ったからというのもあるんです。でも、僕は「大きいパン」はパネトーネの特徴をよく表していると思います。15世紀、いまから600年前、パン酵母（イースト）の製法が発明される前の自然酵母しかない時代に、パンの高さをあそこまで上げるのは大変だったはずです。パーネ・エ・オリオも作るまでに5日はかかるそうです。

そこまで大きく膨らませるから、あの食感になる。ひとつの気泡が縦にのびているので、まるで繊維の束からできているみたいにサクサクとちぎれる。だから口の中でシュッと溶けて快感になるんです。

Y 高さがおいしさにつながっているんですね。ところでパネトーネはいつ、どうやって食べるかご存じですか？

I シュトレンもそうなんですが、パネトーネもまた贈り合うものらしいです。クリスマスツリーの下には、いろんな人から贈られたパネトーネが何個も置かれている。年賀状みたいに「あの人から来た、この人からはこんなのが来た」と、家族で話し合い、スプマンテ（スパークリングワイン）を飲みながらまずは25日に食べるそうです。だから、僕が提唱しているのは、12月は、24日まではシュトレンを少しずつ食べ、25日からはパネトーネにすると毎日パンを食べられると（笑）。

Y イヴの24日にブッシュ・ド・ノエルを食べれば完璧じゃないですか？ クリスマスシーズンに、ドイツ、フランス、イタリアと3ヶ国の味が楽しめますよね。

I お菓子なパンで暮らす12月、すばらしいですよ！（笑）

＊11　ブッシュ・ド・ノエル

＊12　パーネ・エ・オリオ

東京都文京区音羽1-20-13
03-6902-0190
10:00～18:00
日曜・月曜・祝日休み
paneeolio.co.jp
イタリアから製パン機械やオリーブオイルを輸入。パネトーネなど向こうで学んだ製法を操りつつ、日本人の味覚に合うパンを表現。

ベーキングパウダーシュトレン

材料／幅12cm、長さ25cm　1個分

* レーズン――40g
* オレンジピール（角切り）――40g
* ドレンチェリー――20g
* ホールアーモンド――25g
* くるみ――25g
* ラム酒――50ml
* 無塩バター――50g＋50g
* 強力粉――50g
* 薄力粉――50g
* ベーキングパウダー――大さじ½
* シナモン――小さじ½
* アーモンドパウダー――50g
* 砂糖――40g
* 卵――1個
* 粉砂糖――適量

＊ドライフルーツは合計100g、ナッツは合計50gになればよい。

作り方

1 密閉容器にレーズン、オレンジピール、ドレンチェリー、アーモンド、くるみを入れ、ラム酒を注ぎ、ひと晩置く。

2 バター50gは1cm角に切る。ボウルに強力粉、薄力粉、ベーキングパウダー、シナモン、アーモンドパウダー、砂糖と切ったバターを入れ、手で粉をまぶしながらバターをつぶし、ポロポロした状態になるまで混ぜる。

3 **2**に**1**のラム酒を除いたドライフルーツとナッツ、よく溶いた卵を加え、ゴムべらで粉気がなくなるまでサックリと混ぜる。

4 ベーキングシートを敷いた天板に、**3**を長径22cm、短径15cmの楕円形に広げ、ベーキングシートを使って縁がずれるように2つ折りにする。冷蔵庫に10〜20分入れる。

5 **4**を冷蔵庫から出し、160℃に熱したオーブンで40分ほど焼く。

6 バター50gは電子レンジ（500W）で、1分ほど加熱して溶かす。

7 **5**が熱いうちに**6**をすみずみまで塗ってしみ込ませる。

8 バターが完全に乾いてから粉砂糖をふる。（Y）

Column 5

ガラパゴスなパン　レトロパンに愛を。池袋〜浅草フィールドワーク

朝10時、池袋駅東口いけふくろう前に、山本ゆりこさんと編集Kさん、そして私は集合した。押し寄せる時代の波に負けず、昭和の薫りを現代へ伝えるガラパゴスなパンの現状を調査するのだ。

ガラパゴスは至るところにある。あなたや私が気づかず素通りしていたごく身近にないだろうか？　池袋駅前の洋菓子店、タカセがまさにそうである。

レトロかわいいパンの宝庫。コッペパン？　と思って近づくと、コッペパン状に成形したドーナツにコーヒークリームを絞ってプルーンをのせた「**モカドーナツ**」[1]だったり。

「モカにプルーンの酸味が合いますよね」とゆりこさん。

バリエーションとして、あんこをはさんで牛皮をのせた「あんみつドーナツ」、ホイップクリームにチェリーや黄桃のシロップ煮をのせた「フルーツドーナツ」もあった。

「**カステ**」[2]は、カステラのまわりを菓子パン生地で包んだもの。パンとカステラ、パンとスポンジの組み合わせは、ガラパゴス界では定番の組み合わせだ。

次に訪れた文京区春日。ガラパゴス感が漂うこの町にイーグル文京はある。ガラス越しに見えるアルミフレームの棚に、てかりのうつくしいパンがのっている。そこへお散歩中の保育園児たちが通りかかり「クリームパン食べたーい」などといい合う奇跡の光景。ここではコッペパンにクリームを絞り、チョコをかけ、エクレアに仕立てた「**エクレアパン**」[3]に出合った。

下町の某店で甘食を採集。食べたゆりこさんがひと言。「ぱさっとした感じが逆にいい。日本版スコーンですね」

シベリア[4]を入手したのは、浅草であんぱんを豊富に扱うあんですMATOBA。製餡所が直営するパン屋さん。取材当時、御年83歳だった社長さんに、「シベリアはあんこじゃなくて水ようかんなんだよ」と教えてもらったことを思い出す。

同じく浅草に、ガラパゴスパンたちのオアシスがあった。創業66年のテラサワ。長いガラスケースに懐かしいパンがたくさん格納されている。しっぽまでたっぷりフィリングの入った、**チョココロネ**[5]、生クリームコロネ、あんホイップコロネのコロネ三銃士。**カステラパン**[6]は、カステラを菓子パンで包むおなじみの組み合わせがここでも。

中でも、私たちを歓喜させたのは**ミルクパン**[7]。ビスケットの上にアプリコットジャムがのっている。ゆりこさんもたいそう気に入って、「アプリコットの酸味がきいてますね。生地がミルキーなので、牛乳やミルクティーが飲みたくなります」。

ビスケットなのに、なぜミルクパンという名前なのか。ご主人にうかがう。「子供の頃にはもうそういう名前だったので、何でなのかはわからないですね。こういう丸いお菓子はなんでもパンっていってました。デコパンっていうのもあったなあ。フライパンのパンなのかな」

一時は途絶えていたが、残っていたレシピを元に復刻したという。かわいく、そしてなぜかフランス的でもあり、浅草黄金期のハイカラな文化を彷彿とさせる。

収穫の多かった一日を通してのゆりこさんの感想。「いまの日本はがんばって経済成長しておいしい食べ物がいっぱいあるけど、昔は身近にある材料を使っておいしいものを作ろうと努力してた。その努力が私は好きなんですよ」

ミルクパンよ、そしてすべてのガラパゴスなパンよ、永遠なれ。（I）

1

5

2

6

3

7

4

イーグル文京

東京都文京区小石川1-9-5 03-3811-2874
8:00～18:30 日曜休み
東京の都心部にあってレトロな商店街が残る町にふさわしい老舗。女性店主らしいかわいいインテリア、やさしいパンが並ぶ。

タカセ池袋本店

東京都豊島区東池袋1-1-4 03-3971-0211
8:00～22:00（1F） 無休
www.takase-yogashi.com/
大正9年創業の洋菓子店。池袋駅前にそびえたつ9階建ての殿堂は、1階パン・洋菓子、2階喫茶室、3階レストラン、9階にコーヒーラウンジとまるで食のデパート。

テラサワ・ケーキ・パンショップ

東京都台東区浅草6-18-16 03-3875-5611
7:30～19:00（土曜～16:00） 日曜・祝日休み
下町の路地裏に潜む、昭和25年開業のベーカリー兼洋菓子店。生クリームコロネが名物。

あんですMATOBA

23ページ参照

店索引

さ

た

な

あ

か

や

ら

海外

は

ま

おわりに

池田さんの長く細い体の中に、一体いくつのパンが入ったのだろうか。私は何度かのパン取材に同行し、ムシャムシャと食べる池田さんを見ながら思っていた。食べた後には、作り手に対する敬意を含んだ、温かくも的確な言葉が口から滑り出す。

本書は、そんな池田さんの、食欲を刺激する、料理写真でいうところの「シズル感のある」文章が魅力だ。対して、私は微力ではあるが、フランスでお菓子を勉強した経験やヨーロッパの国々で食べ歩いた体験を活かし、「おかしなパン」を分析し、レシピを提供している。チョココロネから広がる板チョコタルティーヌの話、マフィンから広がるイングリッシュマフィンの話などなど。タイトルとしてのパンは、あくまでも「おかしなパン」というアミューズメントパークの入り口に過ぎない。

食生活での重要度は、サンドイッチや惣菜パンには負けてしまうだろう。だからこそ、最後に、ひとりよがりかもしれないが「おかしなパン」との楽しくおいしい関わり方について語り、締めくくりたい。私が暮らしたフランスでは、朝食のときに甘いパンを食べる。たっぷりのカフェオレと甘いパンは、20年以上変わらず、私の朝食だ。前日に甘いパンを、パンに合うおいしいジャムやバターを整えると、翌朝が楽しみになること、この上ない。ランチを軽めにすませ、おやつには少しリッチなデニッシュをいただく。惣菜パンをメインディッシュに、甘いパンをデザート代わりに食べるのもいい。パンケーキやドーナツやマフィンは、ミネストローネやクラムチャウダーといった具だくさんのスープと合わせる。そう、おかしなパンは、少なからず私の、脳や心をやわらかくしてくれている愛しい食べ物なのだ。

構想からおつき合いいただき、産休に入られた編集者の久保万紀恵さん、完成まで導いてくださった後任の至田玲子さん、個性的なデザインが冴えわたる、デザイナーの大島依提亜さん、ユーモラスなイラストを添えてくださった高橋将貴さんに、この場をお借りしてお礼を申し上げます。そして、日々、愛情を込めて「おかしなパン」を作り続けておられる職人の方々へも、感謝を申し上げます。

2017年1月　山本ゆりこ

池田浩明（いけだひろあき）

パンライター。パンの研究所「パンラボ」主宰。ブレッドギーク（パンおたく）。パンを食べまくり、パンを書きまくる。日々更新されるブログ・twitter・instagramでは、本で紹介しきれないパンの情報を掲載中。おもな著書に『パンラボ』（白夜書房）、『パン欲』（世界文化社）、『食パンをもっとおいしくする99の魔法』（ガイドワークス）などがある。
パンラボblog　http://panlabo.jugem.jp

山本ゆりこ（やまもとゆりこ）

菓子・料理研究家。日本女子大学家政学部食物学科卒業後、1997年にパリへ。製菓学校でグラン・ディプロムを取得後、2000年からフランスやヨーロッパ諸国のスイーツ、食文化、ライフスタイルをテーマにした本や訳本を30冊近く執筆。主な著書に『パリのおいしい店とモノ70のアドレス』（誠文堂新光社）、『パリの歴史探訪ノート』（共著、六耀社）などがある。instagram〈yamamotohotel〉を更新中。

写真
池田浩明
山本ゆりこ

ブックデザイン
大島依提亜

イラストレーション
高橋将貴

編集協力
大野麻里
片岡史恵

製作協力
ギャラリーフェブ
八尋恒隆
横田洋子

おかしなパン
菓子《かし》パンをめぐるおかしくてためになる対談集《たいだんしゅう》

NDC596

2017年1月23日 発　行
2017年6月1日 第2刷

著　者 池田浩明《いけだひろあき》
山本《やまもと》ゆりこ

発行者 小川雄一
発行所 株式会社 誠文堂新光社
〒113-0033 東京都文京区本郷3-3-11
(編集) 電話03-5800-3614 (販売) 電話03-5800-5780
http://www.seibundo-shinkosha.net/

印刷所 株式会社 大熊整美堂
製本所 和光堂 株式会社

ISBN978-4-416-51626-3